朝日新書
Asahi Shinsho 859

自衛隊メンタル教官が教える

イライラ・怒りをとる技術

下園壮太

朝日新聞出版

はじめに　1億総イライラ社会の到来

コロナ禍が一段落しつつある今、私は日本人のメンタルヘルスに2つの現象が起きてくるのではないかと予想しています。

コロナ禍でこれから起きてくること

1つは、**うつやメンタル不調に陥る人の増加**。

すでに心身をすり減らしている医療従事者や、介護、保育などで働く方々などを中心に、燃え尽き症候群による退職が増えそうです。また、一見おだやかに過ごしてきた人でも、長引く不安、自粛による孤立化、我慢疲れなどにより、落ち込む方が増えるかもしれません。社会全体で見ると、うつや自殺者数が増える可能性も危惧しています。

コロナの大きな不安は低下したと思われる今になって、なぜ「メンタル面での重症化」現象が起きるのでしょうか。

その**最大の要因は「ステルス疲労」**です。「ステルス疲労」というのは、私の造語で、感知できないうちにかなり深い疲労状態に陥る、蓄積された疲労のことです。

少し振り返ってみましょう。

新型コロナウイルスは「生命に直結する不安」です。明日のプレゼンが不安……というレベルではなく、命がけの不安です。不安は私たちに考えることを強要します。それで疲れてしまうのです。しかもその状態が2年続いているのです。

また、新型コロナウイルス発生時から、社会の変化と混乱の大きさはすさまじいものでした。突然の休園・休校や緊急事態宣言、マスク不足やトイレットペーパー買い占め。「新しい生活様式」として、消毒やマスク着用が習慣化され、テレワーク（在宅勤務）が一気に普及しました。

テレワークは通勤時間が減ってラクになるなどのメリットを感じる人も多くいます。でも、オンラインへの対応など、慣れるのに案外エネルギーを使いました。気軽に立ち寄っていた飲食店も閉鎖され、夕食難民という言葉も使われました。

人間にとって、すべての「変化」はストレスです。結婚、出産、昇進、栄転、独立、入学、定年など、たとえそれがプラスの変化であっても、新しいことに対応して慣れるためにエネルギーを使うという意味で、とても疲れるのです。

もしこれが一つの変化、例えば「マスク」だけならば、2、3カ月で人は慣れ、当初感じていた疲れもやがてとれます。ところが、すでにコロナ発生から2年。その間にも状況はずっと流動的です。ＧｏＴｏイートやＧｏＴｏトラベルキャンペーンでアクセルを踏んだかと思えば、再びの緊急事態宣言、自粛要請でブレーキがかかる。オリンピック・パラリンピック開催の一方で、子どもの修学旅行は中止され、ワクチン接種が広がり希望が出てきたところで、変異株の発生と感染の再拡大による規制の再強化など、複数の「変化」が続いているのです。

これに加えて、対人関係に使うエネルギーも増加しているようです。というのも、不安に対する感受性は、個人差が大きい。打ち合わせや食事に誘ったり、誘われたりする場面でも、「相手がどのくらいコロナを気にしているのか」に気を遣う場面が増えました。今までにはなかった気遣いです。これも疲れますよね。中にはその差がきっかけで、人間関係がギスギスしてしまった人もいます。

一方で、そんなつらさに伴ういろんな思いを、簡単に口に出せない雰囲気もあります。医療従事者の大変さに較(くら)べたら、私が不満を言っている場合ではない、といった感覚です。また、楽しいことも控えなければならない。こうした**我慢もまた大変エネルギーを消耗する精神活動なのです。**私の経験値では、**人が「我慢」できるのは、せいぜい1年。**コロナ禍はすでに2年におよび、はっきりとした終息が見えない今、その限界はとうに超えつつあります。要請や宣言の効果が薄くなっているのも、このためです。

うつ状態につながる「4つの痛いところ」

ただし、疲労が溜まっているからといって、すべての人が「うつ」になるわけではありません。私は、人のメンタルには、うつになりやすい「4つの痛いところ」があると考えています。

その4つとは、**1疲労感（負担感）、2無力感、3自責感、4不安感**です。

人は、ベースの疲労感（1）が深まるとき、2から4の感情が合わせて刺激される環境であると、単なる疲労ではなく、「うつ状態」に陥ります。「死にたい気持ち」も出てきやすくなるのです。

新型コロナウイルスの環境は、この4つの「痛いところ」を刺激する条件が揃っていました。

まず、病気や経済に対する、「4不安感」が刺激され、その不安と変化を我慢で「1疲労感・負担感」が募ります。そして、長引く流行は、自分や人間社会が頑張ってもウイルスにはなかなか勝てないという「2無力感」を強め、自分が無自覚に病気を人にうつしているかもしれないという「3自責感」も刺激します。

「コロナで大変なのはみんな同じだから」と思っていても、実は今は多くの人が、この4点が刺激された疲労状態、つまりうつ予備軍になっているかもしれないのです。

疲労が怒りを誘発する

コロナ禍がメンタルに及ぼす影響の2つ目は、「イライラ、怒りの誘発」です。それが、本書のテーマです。

私の中ではすでに、東日本大震災の1年後くらいから、「社会全体がなんとなくイライラしてきている」という感覚はありました。怒りによる事件やトラブルを耳にすることが増え、また個人レベルでも、「怒り」「イライラ」に悩まされるクライアントが多くなったからです。

背景には、震災の影響、格差社会、価値観が多様化して他人とぶつかることが多くなったことのほか、インターネットやSNSの影響などが考えられます。SNSでは、怒りや不安などのネガティブ情報ほど、伝染しやすい。ちょっとした書き込みでも増幅、拡散され、いつのまにか巨大化していくものです。

その怒りの増加傾向が、このコロナ禍によって、ぐっと顕著になってくると考えています。その原因は、うつの増加と同じく、知覚できない疲労の蓄積です。

なぜ「疲労」が「怒り」の感情を沸き立たせるのか、詳しいメカニズムは、本書で紐解（ひもと）いていきます。

「怒り」の本質も取り扱い方も知らず、このまま放置すれば、私たちは「怒り」に振り回されることになります。感情のままに相手を傷つけ、第三者を傷つけ、そして自分をも傷つけてしまうことになりかねません。

私たちは、本気で「怒り」の問題に、向き合うべきときが来ました。

読者の皆さんの中にはすでに、怒りで悩み、関連する書籍を読んだり、セミナーなどに参加されたりしている方もいらっしゃるかもしれません。

それがヒントとなるのなら良いのですが、その一方で、**「本で読んだようには怒りが収まらない」「うまくいかないので、結局イライラを溜め込んでいる」**など、ジレンマを抱えている人も多いのではないかと推測します。

私は長年自衛隊で経験を積んだ、「実践カウンセラー」です。

今、私は、カウンセラーの育成と合わせて、自分の感情とのつき合い方のヒントを紹介する「感情のケアプログラム（感ケア）」の講座を開催しています。感ケアは、私が自衛隊の現職時代に、自衛隊員用のメンタルトレーニングとして開発したものを、一般の方用にアレンジしたものです。

感ケアでは、努めて現実的なツールを紹介するよう心がけています。それぞれの**日常生活こそ、皆さんの「戦場」であり、そこで本当に役に立つ支援をしたい**からです。

本書では、感ケアの中でも怒りのケアに特化して、これまで私がクライアントに対して伝え、訓練し、実際に効果をあげてきたものだけを、できるだけわかりやすくお伝えしようと思います。

皆さまの日常生活が少しでもおだやかなものとなりますように。

下園壮太

自衛隊メンタル教官が教える　イライラ・怒りをとる技術・目次

2章　怒りはあなたの警備隊長
——怒りの役割を正しく知る 65

4章 怒りっぽい人に疲れないために

——迷惑な人への対処法 167

5章 夫婦、親子、職場

——怒りの多発地点での実践的アドバイス 197

図版／朝日新聞メディアプロダクション
編集協力／向山奈央子

1章

怒る自分はダメな自分？

——私たちは「感情」の役割を何も知らない

さて、あなたが、最近、「怒りに我を忘れた」のはどんなときだったでしょう。つい部下を感情的に叱ってしまった。上司に食ってかかってしまった。子どもに怒鳴ってしまった。夫・妻・パートナーと言い争ってしまった。対応の悪い店員に声を荒らげてしまった……など、いろいろな状況があると思います。

ちょっとで良いので、そのときの場面や、自分の気持ち、なぜ怒ってしまったのか、を考えてみてください。どれもがきっと苦い思いとともに、思い出されますよね。

また、最近怒った記憶がないという人でも、周囲を見回せば、なぜそんなにイライラしているのと思う人を何人か思い浮かべることができるはずです。そういう人たちは決して幸せそうには見えませんし、そんな人の周囲も嫌な思いをしています。

怒りとは何者なのでしょうか。この章では、まず怒りという感情そのものについて、理解を進めていきましょう。

「怒りは敵と思え」

これは徳川家康の言葉です。

怒りは戦場で判断を狂わす。本当の敵は目の前の「敵軍」ではなく、自分の心の中に渦巻く怒りだ、という教え。

仏教では、克服すべき根本的な3つの煩悩を、「貪欲(とんよく)、瞋恚(しんに)、愚痴(ぐち)」の「三毒」としています。2番目の「瞋恚」とは「怒り」のこと。「怒りは毒、手放すべきだ」と説いています。ネイティブアメリカンのホピ族にも「怒りは自分に盛る毒」という教えがあるそうです。

人間は、はるか昔から、洋の東西を問わず、怒りを「悪しきもの」とみなしてきました。試しに、「怒り」「名言」と検索してみると、歴史の偉人たちが怒りを戒める名言・格言をたくさん残していることがわかります。それだけ、人が怒りの感情を悪とみなし、格闘してきた表れともいえます。

実際、「怒り」は、冷静な思考を奪うだけでなく、心身を蝕(むしば)む「毒」の作用があります。1時間怒り続けたときに消耗する体力・精神力は、残業6時間のそれに相当するそうです。また、ある実験では、「イライラしすぎると免疫が下がってしまう」という結果が出ました。健康状態の良い男女を集め、戦争のシーンなど怒りを喚起させやすい映像を観(み)てもらったところ、IgA(免疫グロブリンA)など消化器系や尿路の病原体と深く関係を持つ免疫が下がり、心理テストでも気分障害系の点数が増えたそうです。

つまり私たちは、湧き上がる「怒り」で思わぬ行動をしてしまうだけでなく、その衝動に耐え、我慢しっぱなしでも、大変疲れ、場合によっては病気になることもあるのです。

これらは単なる経験則ではなくて、様々な研究によっても証明された事実です。

できれば、「怒り」は感じないで、おだやかに毎日を過ごしたいもの。それは自然な願いです。では、人類が格闘してきた「怒り」は、どのようにしたらコントロールできるのでしょうか？

私は元幹部自衛官なので、課題はすべて「戦術」の思考で考えます。

具体的なことは今から解説していきますが、結論を言うと、**「戦術」としては、怒りを毒として排除したり、制圧しようとするのではなく、敵（怒り）の特性を理解しながら「ケア」していくほうが有効**なのです。まずは、その怒りのパワーを理解していきましょう。

感情は人間を守ってくれる本能のシステム

これまでの私の著書でも言及していますが、「感情」は私たちを守ってくれる本能のシステムです。

喜びなどのポジティブな感情はともかく、怒りや不安、悲しみなどのネガティブな感情が、なぜ私たちを守る機能なのか、不思議に思う方もいるかもしれません。

そんな方には、私たち人間の「動物」としての始まり、つまり原始人を想像してもらいます。

原始人は荒野で、ロクな武器も道具も持たずに、飢えて生きていました。猛獣や大自然の脅威、他の部族からの攻撃などあらゆる危険に囲まれながら、熾烈(しれつ)なサバイバルの中で、まずは今日を生き延びなければなりません。その中で、備わってきたのが「感情」です。

感情は、「特定の状況に適した体と心の状態」をパッケージで作る機能です。変身する機能とイメージしてもいいでしょう。ドラゴンボールの悟空がスーパーサイヤ人になる感じです。

感情は、敵と遭遇したときの「驚き」をベースに、対応するべき状況ごとに細分化していきました。

例えば、恐ろしい猛獣と出くわしたときにはまず驚く。次に、逃げるための「恐怖」の感情が湧き上がります。ようやく逃げおおせた後にも、「不安」の感情が立ち上がり、次の襲撃の可能性に備えることができたのです。

同じように「恋愛」の感情があるから、子孫を残すことができたし、「喜び」の感情により、生きるのに必要な食べ物をわかち合うことができました。

つまり、**あらゆる感情は、「食べて命をつなぎ、危険から生き残り、子孫を残す」という生命の目的のために存在、発動する**のです。感情があるから、私たち人間は、今日まで生き延びて来られたと言えます。

感情の目的

驚き→状況の変化に対応するため情報収集しつつ体を準備する
恐怖→危険から逃げる
不安→将来の危険を予測する
悲しみ→引きこもらせ、態勢を整える
愛→仲間を作り助け合う、子どもを育てる
恋愛→性行為に向かわせ、子孫を残す
無力感→歯が立たないほどの相手から、距離を取らせる
あきらめ→無駄なエネルギー消費を注意し、次の課題に向かわせる
喜び→安全・生存のために必要な物資などの情報をわかち合う
ねたみ→自分の取り分を確保する

人類の歴史は、400万年とも言われていますが、人類の歴史を1月1日から始まる1年に例えると、人類最古の土器が使われた1万6500年前が、12月31日の夜の9時過ぎごろの話になります。四大文明が生まれた5000年前は夜11時、電気が発明され夜も活

発に活動できるようになったのは、夜11時30分。インターネットが発明されたのは、年が変わる20秒前のことです。

つまり、私たちの無意識には、このように長い原始時代を生き延びるためのプログラム（その1つに感情の役割があります）がしっかり刻み込まれており、それは、ほんの短い現代社会という環境ではまだ修正されていないのです。

今は基本的に、猛獣に襲われることも、夏の暑さ、冬の寒さで死ぬことも少なく、コンビニに行けば簡単に食べ物が手に入る時代です。であるにもかかわらず、**「感情」は、原始人時代と同じように働くので、現代では過剰な働きになってしまうのです。**

文明社会では、感情の本来の働きより、その副作用のほうが目立つようになってしまいました。怒りをはじめ、不安や悲しみ、ねたみなども、副作用の印象が強くなり、いわゆる「ネガティブ感情」として嫌われてしまっています。冒頭で紹介した「怒り」は毒だという認識もその1つです。

怒りは人間の理性を乗っ取る

さて、感情全般について理解したところで、いよいよ怒りという感情について、本質的なところからもう少し具体的に見てみましょう。

「怒り」という感情の本来の目的は「敵に反撃、威嚇する」ことです。

猛獣や他の部族など、自分や家族の命を脅かすものがやってきたとき、相手に立ち向かい、戦い、退散させるための感情です。

怒りはまず頭脳を変えます。敵が襲ってきたら、思考停止した状態になります。もし頭が回るといろいろ考えてしまい、その間に敵から攻撃されてしまうからです。それよりいわゆる直感で瞬時に動けるようにしたほうがいい。怒りが生じたとき、私たちが、考える前に口や手が動いてしまうのはそのためです。

また、普段は冷静な人でも、「自分は強い、正しい」「自分がやらねば」と強く信じるようになります。こんな強い思い込みがあるから、臆病な人でも戦えるようになります。

一方、体にはグーッと力が入り、自然に拳を握りしめるなど、戦闘に備えます。大きな声を出したり、歯をむき出しにしたり「威嚇」して相手をひるませます。髪が逆立ち、肩がいかるのは自分を大きく見せるため、手に汗をかくのは木の棒など武器を持ちやすくするためです。また、目前の戦いを優先するため、疲労も痛みも感じにくい状態になります。

一方、原始人にとって強い怒りが発動してしまうと、戦闘により死ぬ確率が一気に高まってしまいます。またエネルギーも急激に消耗します。だから、生命の維持のためには、なるべく怒りが生じないほうがいい。ですから、できるだけ怒りを避けたがるという側面もあるのです。

しかし、ひとたび「戦闘」となったら、相手の息の根を止めるまでやり遂げなければ、怒りは収まりません。そうしないと、再び戦闘が発生するからです。

これらが、怒りの感情に乗っ取られたときの人の変化です。

この「怒り」というパワフルな感情のおかげで、人間は、自分よりも強い相手に立ち向かい、今日まで「種」として命をつなぐことができたのです。ところが、原始時代には必要だったこの変化も、現代社会で、もし怒りに乗っ取られた行為をすれば、相手の人生も、自分の人生もめちゃくちゃにしてしまいます。

ちなみに、敵がいてこその感情なので、現代においても、怒りは主に対人関係の中で生じます。私たちは夏の暑さに多少はイライラしても、太陽を相手に真剣に怒ったりはしません。

これまでの説明でおわかりの通り、感情は危機的状況に対し、理性よりも優先して発動し、瞬時に自分と種を守る行動をするための機能です。ですから、**理性と感情を勝負させると、理性が負ける。そういう「作り」になっています。**

また、いろんな感情の中で、怒りという感情は、お人好しで弱気で博愛主義の人でも、自分や仲間の命が危ないときには、人を殺せるモードになれるという機能なのです。

ジブリ映画『風の谷のナウシカ』の中では、族長である父親を殺されたナウシカが、衝動のままに相手の兵士を撲殺するシーンがあります。どんなに聡明で慈愛に満ちたナウシカでも、激怒すれば、まるで人が変わってしまい、呼びかける声も届かない。このシーンはまさに、怒りのパワーの強大さをよく表していると思います。

「いや、自分は理性で怒りをコントロールしている」、そうおっしゃる方も当然いるでしょう。そうです。**理性で怒りを制御できます。ただし、それは怒りが弱いときだけ**なのです。

敵の強さは、一定ではありません。戦いでも、大勢で最新の武器を持つ敵と、少数の敵とでは、敵の強度が違います。それに応じて、戦いを変えなければなりません。では、怒りの強度はどうして決まるのでしょうか。

感ケア5（感情のケアに有効な5つの要素）

ここでもまず、怒りだけでなく感情全般について考えてみましょう。

同じような刺激を受けても、感情的になる人とそうでない人がいます。また、自分や他人を観察していても、同じ刺激に対し、流せるときと、やけに落ち込んでしまうときがあります。その差は何なのでしょう。

もちろん、刺激に対する過敏性のようなものはあると思います。センサーの鈍感さ、敏感さ。これはいわゆるDNAレベルのものであり、性格的なものでしょう。通常はそこにだけ目が行きますが、私が多くの人を観察していると、センサーの差がもたらす影響はそれほど大きくない。もしそれが主体なら、感情的な人はいつでも感情的なはずですが、先にも触れた通り、私たちの感情はかなり変動します。また、過敏さ自体はあまり改善も望めない。だから努力をそこに向けてもそれほど意味がないのです。

そこで私は、刺激と感情の大きさに関連する「過敏さ」以外の要素を、大きく5つにまとめて、「感情のケアに有効な5つの要素（感ケア5）」として紹介しています。

それは、**①刺激（連続性）**、**②体調・蓄積疲労**、**③防衛記憶**、**④自信**、**⑤個人の対処法**です（次ページ図1）。順番に説明していきましょう。

❶刺激（連続性）

まず刺激の大きさ。もちろん大きい刺激ほど、大きな感情を呼びます。そこに連続性という要素が加わります。小さい刺激でも、連続してくれば、大きな感情を引き起こします。

例えば、部下のミスを指導するとき、1回目のミスはおだやかに指導できますが、その10分後に同じミス、さらにその5分後に同じミスがあったらどうでしょう。2回目は、か

図1　感情のケアに有効な5つの要素（感ケア5）

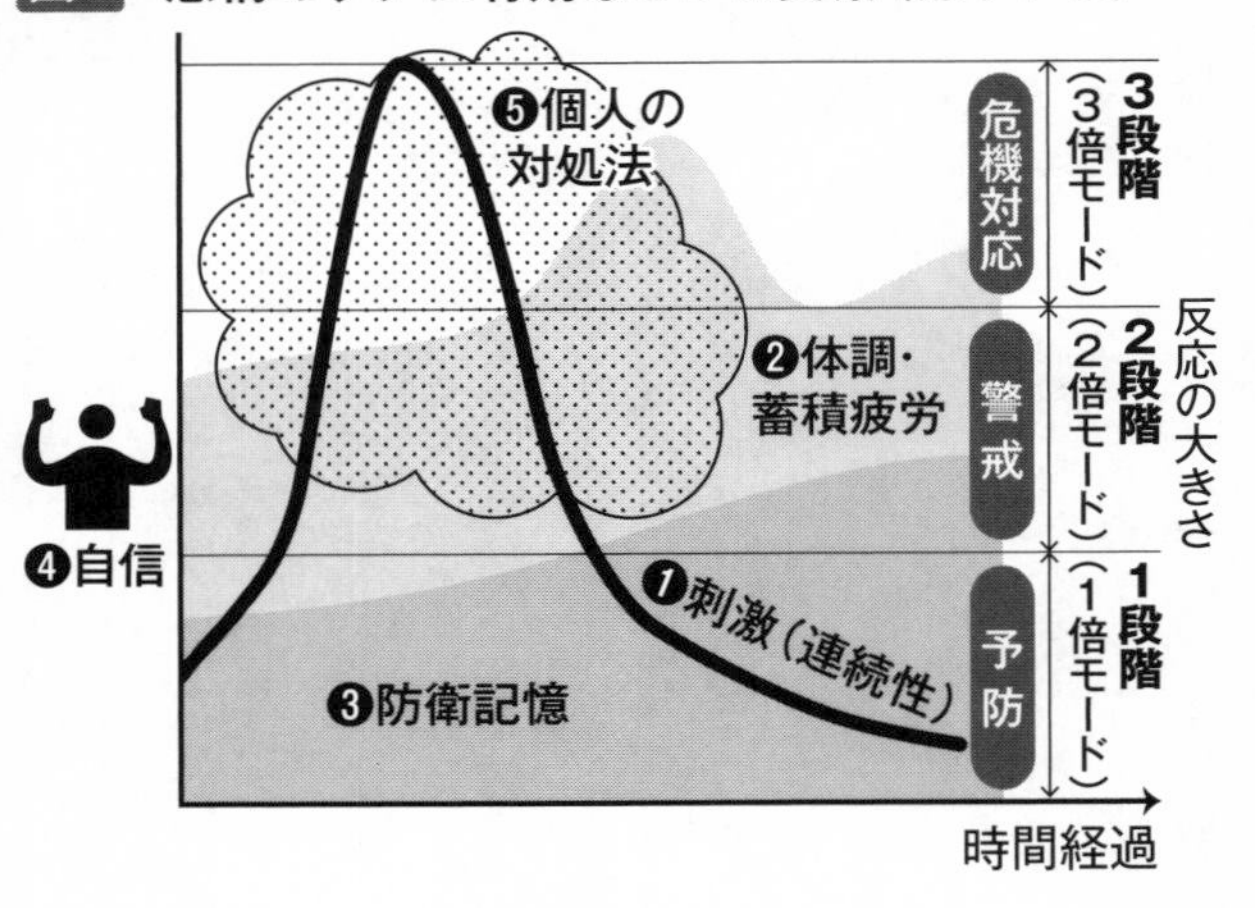

なり語気が強くなるし、3回目はもしかしたら大声になってしまうかもしれません。

同じ刺激の連続でなくても、朝寝坊した、バタバタと支度をしているとき、子どもが急に学校への提出物を出してきた、走って駅に着くと定期が切れていて、電車を見送った、満員電車に揺られて何とか時間内に職場に着いたら、上司から昨日の部下のトラブルを責められた。そんなとき、その部下がいつものミスをしたら……。あなたの怒りが爆発してしまうのも無理はありません。

部下側からしたら、いつものミスで、おだやかな指摘で済むときもあれば、大目玉を食らうときもある。ちょっと理不尽ですが、これも原始時代で考えれば、納得できる反応です。原始時代での刺激の連続は、例えば、飼っていた鶏が襲われる、近くで猛獣の足跡やフンが見つかる、子どもが襲われてケガをする、村人の一人が帰ってこない……。こういう事態が続くと、近くに人を襲う猛獣が潜んでいる可能性が高まります。命の危険が高まるので、緊張が増幅するのです。いえ、増幅しなければ、命を守れないのです。

刺激と感情の大きさの関連は、図1のようになります。通常の反応を1倍とすれば、大きな刺激を受けた直後は、同じ刺激に対して、3倍大きな反応をする状態（3段階）になります。少し時間が空くと、2倍のゾーン（2段階）に落ちてきて、もうしばらく何もないと、通常（1倍）ゾーン（1段階）に戻ります。

また、刺激の連続性については、刺激が短い間に続くほど、積み上がりが多くなり、2倍から3倍に達します。

ですから、過剰に発動する感情を抑えるには、現代人にとっても、**刺激から離れる**ことが有効です。**物理的、時間的、イメージ的に「距離」をとる**のです。イラッと来たら、トイレへ行く。打ち合わせブースなどへ移動する。耳栓を使う。相手が視界に入らないところを向く。スマホで動画を観たり、音楽を聴く。好きなアイドルを思い浮かべたりする、なども効果的でしょう。とにかく**「離れる」行動を起こし、感情へこれ以上の連続刺激が入るのを避ける**ことが大切です。

刺激（連続性）でもう1つ理解しておくべきことは、**刺激がなくなっても、感情の敏感さは急には収まらない**ということです。猛獣と遭遇し3段階になった感情は、猛獣が見えなくなると2段階に下がりますが、それからはゆっくりとしか下がっていきません。それは、近くに猛獣がいて、また襲ってくるかもしれないからです。2段階での警戒がある程度続き、何もない平和な時間が過ぎたときに感情は徐々に1段階に収まっていきます。

現代人でも少し怖い思いをしたり、怒りを感じる状態になったとしたら、数日間は、反応しやすい2段階が続くと考えておくといいでしょう。

❷体調・蓄積疲労

刺激による3段階と同じように、体調の悪さや疲労の状況に応じて、感情の強度が変わります。疲れているときや頭が痛いときなどは、ちょっとしたことでカリカリしてしまいますよね。原始人にとって自分の体調が思わしくないということは、相対的に外敵の力が強くなるということなので、警戒レベルを上げて対応しなければならないからです。

体調・蓄積疲労の影響も理解しやすいように、3段階に分けて説明していきます。

体調が良く、疲労もあまり溜（た）まっていないときは、1倍（通常）モードです。この状態であれば、ある刺激に対してもいつもの反応で、いつもの疲労感です。

2倍モードになると、同じ作業（刺激）でも2倍の疲労感を感じ、回復にも2倍の時間がかかるようになります。感情も敏感になり、いつもより2倍傷つきやすくなります。

3倍モードは、同じ負荷でも3倍の疲労感。回復も3倍の時間が必要です。刺激に対しても3倍強く反応してしまう状態です。

刺激（連続性）の場合は、特定の刺激（例えばトラの接近）にだけ反応するものですが、自分の体力が弱くなると、すべての対象が「手ごわく」なります。ですから、刺激（連続性）よりも**体調・蓄積疲労の影響のほうが広範**であると考えてください。

また、刺激（連続性）はトラがいなくなれば、徐々にであっても過敏さが低下していきますが、体調・蓄積疲労による過敏さは、トラがいなくなっても、体調不良が続く限り収まりません。つまり**刺激（連続性）よりも長期的な影響**を及ぼします。

体調・疲労が「1段階」であれば、集中力もあり、仕事もプライベートも楽しめる状態です。ある出来事（例の部下のミス）があっても、スルーできます。この状態でちょっとしたトラブルで悩んだとしても、友人に相談したり、個人でなんとか対応したりして、数日で回復していきます。**疲れていても、一晩ぐっすり眠れば、疲れが取れる状態**と考えてください。

しかし、何らかの原因で体調がすぐれず疲れが溜まり、「2段階」に進んだとしましょう。なんとなくのだるさや体調の悪さ、不眠、食欲不振が顕著になります。

本人は自分がいつもより弱っていることをうっすらと感じており、自分をこれ以上疲れさせないようにと、無意識のうちに外界に対して緊張して対応し始めます。

しかし一方で、なんとか物事に対応するだけのエネルギーは残っています。本人は「調子悪いかも」という潜在的な不安を感じているのですが、それを忘れたいので、表面上は元気を装ってしまう。ことさらに仕事に猛進するなどします。私が「表面飾り」と呼ぶ現象です。後で説明しますが、**この段階から「理由のないイライラ」が強くなります。**

さらに状態が悪化すると、「3段階」に進みます。この段階は、いわゆるうつ状態。エネルギーが枯渇してしまい、もう「表面を飾る」こともできません。

原始人にとっては、生きるか死ぬかの瀬戸際で、いわゆる冬眠のような状態になって、危機が去るのを待つモードです。現代人がこの状態になると、イライラだけでなく、自信の低下、不安、自責の念が強くなり、気力も希望もなくなり、死にたい気持ちが出てくることもあります。この状態に対する対応については、怒りを主題とした本書の守備範囲を超えるので、私の別の著書（『心の疲れをとる技術』朝日新書など）を参考にしてください。

現代人は誰でも、初期設定として「疲れて」います。24時間態勢の社会、メディアの発達、インターネットやSNSによる情報過多の環境、価値観の多様化など、様々な要因が重なり、感情が揺さぶられ続け、主に精神的な疲労が溜まりやすくなっているからです。

疲労が溜まると、少しの刺激でも、2倍3倍イライラする状態が、長く続いてしまいます。

あなたが怒りの暴発を防ぎたいと考えるならば、「疲労の2・3段階」に陥らないように、日ごろから疲労ケアに努めることが、とても大事になります。

具体的には、日々質の良い睡眠をとる。疲れていると感じたら、いつもより1時間長く眠るようにする。お休みは、しっかり心身を休める。旅行や飲み会など、楽しくてもエネルギーを使う予定は避けて、**静かな充電系の過ごし方**をすることなどを心がけてください。

理由のないイライラは「疲労の2段階」の典型的な症状

疲労が溜まって「2段階」に陥ると、「イライラ」しやすくなるのはなぜなのでしょうか。

「イライラ」とは小さな怒りです。怒りは、自分の土地・食料・所有物、愛、自由、立場、居場所、価値観などが侵されないように警戒する感情です。こうした領域に不法侵入の気配があるとき、「イライラ」が発動します。

原始人的には、エネルギーのレベルが下がった状態は、襲撃されたら戦えない、逃げ遅れるかもしれないことを意味します。そのため、他者との交流を考えただけで〝殺されるかもしれない〟というレベルの被害妄想的な反応になってしまうのです。現実に自分に痛みや苦しみ、これ以上の労働を強いる兆候がある場合には、怒りの発動はさらに早くなります。

現代に生きる私たちにも、その警戒心は働きます。

疲労の2段階にあるときは、他人のちょっとした言動が気になります。例えば、同じチームに、何かと人の足を引っ張り、ポカミスも多いメンバーがいるとしましょう。2段階になると、彼が仲間と談笑しているのを見かけただけで、イライラしてしまうようになります。「仕事は適当なのに、遊びのことだけは熱心だ」などと考えてしまいます。のんきなそのメンバーがするかもしれないミスを、自分がフォローしなければならないし、自分の評価にも悪影響が及ぶと感じるからです。

この場合、「このメンバーこそが私のイライラの原因だ」と考えてしまう人も多いと思います。「ミスをしてもヘラヘラした態度だから、私はムカついてしまうんだ」と考え、上司に相談したり、彼を呼び出して直接指導したりするなど、なんとか対処しようとするかもしれません。しかし、実際の原因は自分自身の疲労であることのほうが多いのです。

「イライラ」は、疲れのバロメーターと考えてもいいのです。

イライラを感じたら原因をあれこれ探すよりも、とりあえず、しっかり休養することで解決することはよくあることです。

補足すると、女性は生理前や更年期症状の1つとして、イライラに悩まされることもあります。この場合も、婦人科受診や漢方薬など自分に合った方法で、心身のエネルギー回復に努めることが基本になると考えています。

❸防衛記憶

特別の刺激（連続性）や自分の体調の問題や疲れがないときでも、ある普通の刺激に強く反応してしまうことはあります。その1つが「記憶」によるものです。

かつて自分に危害を与えた人や状況が自分に迫ってくるときは、怒りを発動させ身を守らなければなりません。自分を守るための記憶であるので、防衛記憶と呼んでいますが、現実的にわかりやすく言うと「恨み」のような記憶です。

ある人のちょっとした不遜な言葉遣いでも、過去にその人のためにつらい思いをした記憶がある場合、私たちは強く反応してしまいます。**他の人の言動なら許せても、その人は許せない**のです。その人に関してだけ反応が2倍モードになっている感じです。

これも、原始人的には、よく理解できるシステムなのですが、現代人にとっては、本当に命を狙われたわけでもない相手に対し、執拗な反応をしてしまうので、困ったものです。防衛記憶は「記憶」なので、感情がおだやかになっても、私たちの心のどこかにしっかり残っています。刺激（連続性）や体調・疲労が1段階で、普通に生活しているときでも、私たちの考えや行動に、ひそかに、少なからぬ影響を及ぼしているのが、この防衛記憶なのです。

怒りの感情のケアをする場合、この防衛記憶のケアも重要なポイントになります。

❹自信

自信とは、予想される刺激に対し、今の自分で何とかなるな……と感じられる状態のことです。戦いに対しては、自分と敵の強度を認識するべき、と解説しましたが、その作業を無意識に行った結果感じられるのが、自信という感情です。

自信を感じられているときは、たとえあなたを脅かそうとする人や厳しい環境が存在していても、「何とかなる」と思えるので、怒りは発動しにくいのです。

一方、自信がないときは、「敵は手ごわい、殺されるかもしれない」という認識があるので、かすかな兆候でもすぐに警戒態勢を作って対応しなければなりません。怒りをはじめ防衛的な感情の発動が早くなります。

つまり、一般的に言って、**自信のある人は怒りにくい**のです。昔から「金持ち喧嘩せず」という言葉がありますよね。30ページ図1で表現すれば、自信は、感情の1倍と2倍の境目の線を上に上げている感じです。ちょっとしたことでは、動揺しにくくなるのです。

さて、この自信ですが、次の3つのタイプに分けることができます。その総和があなたの今の「自信」の状態です。

(1) 物事が「できる」自信（第1の自信）

課題そのものに対する、「対処できる・できない」の見積もりです。通常「自信がある」というときはこの自信を言います。

(2) 健康や身体機能の自信（第2の自信）

自分の体や能力、生き方に対する信頼です。これが欠けると、急にすべてに自信がなくなります。

(3) 仲間がいるという自信（第3の自信）

愛し愛される人がいる、受け入れてくれる仲間がいるという感覚。居場所がある感じです。これも欠けると、生きること全般に自信がなくなります。

通常、「できる」の自信を上げようとして、何かを成功させたり、やり遂げようとしますが、それだけでなく、若さや健康を感じたり、仲間づくりをすることで自信を補強できます。イライラしている人に足りないのは、健康や仲間かもしれないのです。

人間は理性と感情で動くが、疲れてくると「感情」に乗っ取られる

ここまで感情に影響のある5つの要素のうち、①刺激（連続性）、②体調・疲労、③防衛記憶、④自信の4つの要素について説明してきました。これらの要素によって、感情はおだやかな状態から非常に強く働く3倍モードという状態へと変化します。

では、それぞれの段階で、どれぐらい理性が効かなくなるのでしょうか。最後の「個人の対処法」について説明する前に、「理性コンピュータ」と「感情コンピュータ」という比喩で説明しておきましょう。

「理性コンピュータ」は、自分の利益になる行動（答え）を、合理的・総合的に導き出す力です。学校などでは、この力を鍛えます。

一方、**「感情コンピュータ」**は、生と性の確保のために、「答え」を瞬時に決めてくれます。これまで説明してきたように、感情は私たちを衝動的に動かします。ただ、衣食住や

図2 理性コンピュータと感情コンピュータ

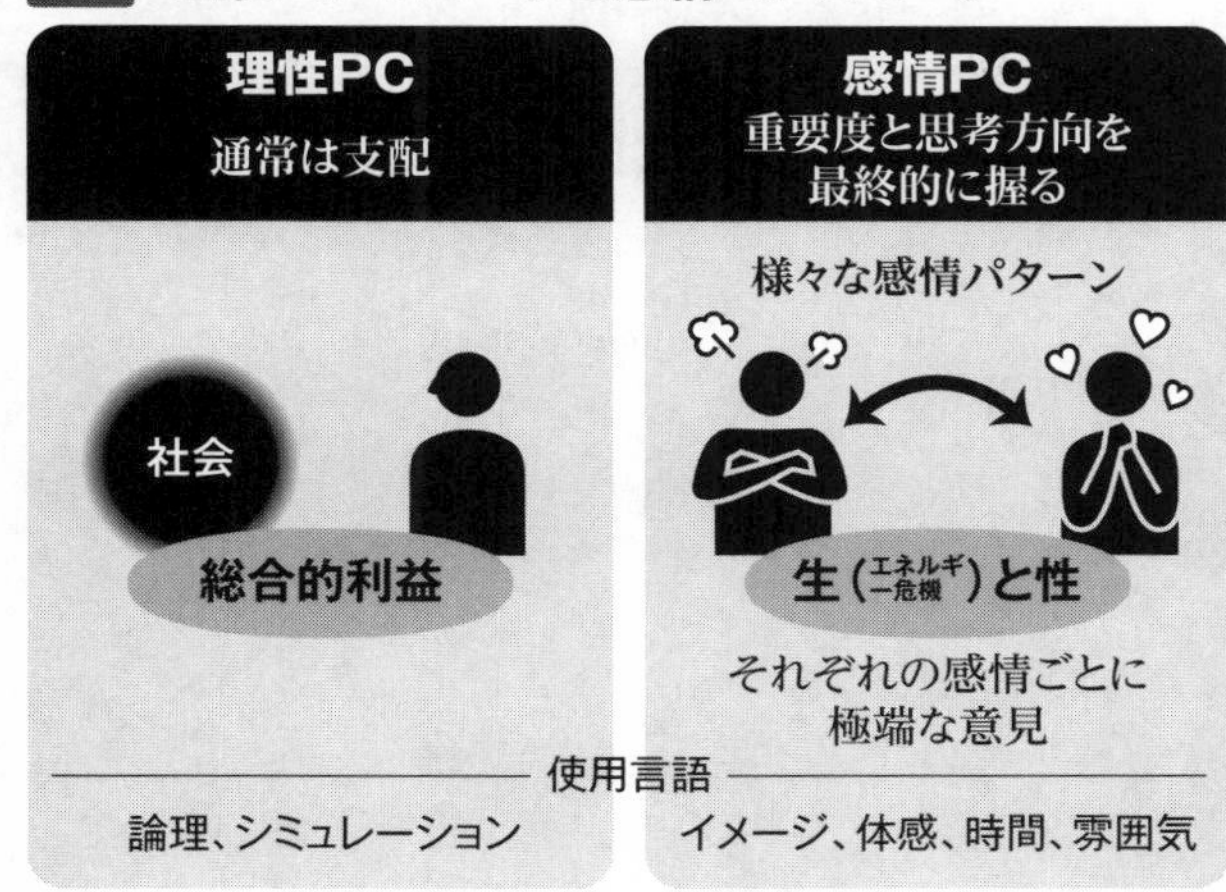

安全が確保された現代に生きる私たちにとっては、過剰気味の発動になるので、感情コンピュータの働きを、理性で抑える練習を子どものころから積んで大人になってきています。だから、大人はめったなことでは人前で泣きません。

2つのコンピュータのシステムをうまく使うには、それぞれのコンピュータの「使用言語」が違うことを理解しておく必要があります。理性コンピュータの言語は、「論理、シミュレーション」。感情コンピュータの言語は「イメージ、体感、時間、雰囲気」です。例えば恋に落ちたとき、周囲が「あの人は仕事が安定していないから、お金に苦労するわよ」などと、「論理」で諭しても、恋は盲目、聞く耳も持ちません。「好き」という感情は理屈ではなく、「この人しかいない」というイメージや体感からくるからです（図2）。

私たちには、この2つのコンピュータがついており、生きていく上で問題や課題が起きたときに対応するのですが、どちらが主体として働くか、つまりどちらが強いかは、これまで紹介してきた感情の3段階で変わってくるのです。

図3で示している上向きの三角形が理性コンピュータの力の強さ、下向きの三角形が感情コンピュータの強さです。

理性コンピュータと感情コンピュータの力の割合を、私の感覚で百分率のイメージで表現すると、1段階は、理性が80％、感情20％。2段階で理性50％、感情50％。3段階では逆転し、理性が20％で、感情が80％になります。極端な状態になっても、どちらかがゼロになってしまうというわけではありません。例えば、感情的になってしまっている人でも、理性的な会話が少しはできる。しかし、主体は感情的な判断になってしまいます。

例えば、3段階で怒っているとき「私は今怒るべきではない。ここで相手を怒鳴ったら、これだけのソンをしてしまう」などと自分に言い聞かせても、感情には効きません。一方、あなたが1段階のときなら、同じ言い聞かせで、なんとか我慢できるのです。

私たちは、多くの場合、感情の1段階で過ごしています。人が100人いたら、今3段

図3　感情の3段階（1倍～3倍モード）

段階	状態	特徴
3段階 **3倍モード**	回避・記憶化（感情80：理性20）	山積した問題に圧倒され、過剰にネガティブ、楽しみを見出しにくい 過剰に不安、将来に希望を持てない、過剰に自分にダメ出し 行動ができない アドバイスも受け入れない、体調不良がひどくなる
2段階 **2倍モード**	緊張・対応（感情50：理性50）	傷つきやすい、根気のない自分に自信を失い始める イライラ・不機嫌、うっすらとした不安、染みついた悲しみ 体調も良くない（不眠、身体の様々なトラブル） 苦しくても我慢して乗り越える 弱みを見せたくない（認めたくない）
1段階 **1倍モード**	集中・楽しめる（感情20：理性80）	理性的に考えて統一感のある行動ができる 切り替え、割り切りができる。問題解決の思考で落ち着く 問題解決のためのヒントを求める、新たな視点で大きな変化 トラブルを成長の一環としてとらえる モチベーションを刺激したい

階の人は1割、2段階の人が2割、1段階の人が残りの7割というイメージです。

なので、私たちは、一見、理性コンピュータが感情コンピュータより優位であるように感じますが、そうとも言えません。というのも、1段階でも20％は、感情が占めているのです。しかも、大切な決定や瞬時の判断に大きな影響を持っているのが感情コンピュータなのです。

怒りのテーマに関心があって、本書を手に取ってくださる方は、もしかしたら2段階ぐらいの方が多いのではないかと思います。本来、頭脳明晰でも、論理的思考が少し鈍っているかもしれません。そこで、本書では大切なメカニズムに関しては、何度か重複して説明させていただきます。しつこいかもしれませんが、ご了承ください。

❺ 個人の対処法

感ケア5のうち、①刺激（連続性）、②体調・蓄積疲労、③防衛記憶、④自信について紹介してきました。またこれらの影響で、感情の強度が変わるメカニズムも解説しました。

さて、感ケア5の最後が、⑤個人の対処法です。

個人の対処法によっても、感情の強度が変わります。例えば、感情を我慢する人は、そのまま吐きだす人と較べて、明らかに表に出る反応は違いますよね。

個人の対処法には、様々なものがありますが、上手な個人の対処法を考察するのが本書の主題でもあります。

さて、すべての対処法には、利点と欠点があります。1つの方法で対処するより、いくつかの方法を持ち、その利点と欠点を理解しつつ、自分や問題の状態ごとに使い分けられるようになりたいものです。3章では、私が提案する対処法をご紹介していきますが、その前に、今多くの皆さんがやっている対処法について、正しく評価しておきたいと思います。もちろん個人ごとに様々なのですが、怒りの対処の代表例は、「我慢する（忘れる、なかったことにする、言い聞かせる）」です。

まずは、この方法の利点と欠点を整理しておきましょう。

我慢で怒りに対処する利点と欠点

怒りは衝動的です。その衝動をまずは我慢しなければなりません。おそらくこの部分はその後どんな対応をする場合でも、必要だと思います。問題はその後です。

怒りの3段階（3倍モード）は、「売り言葉に買い言葉ゾーン」。原始人にとってもその状態が長引けば、すぐに戦闘になって命を長らえられない。ですから、怒りのピークは結構早めに収束します。

この間を必死に我慢していると、なんとか2段階に収まってきます。2段階になると、「危険はないよ」という理性の「言い聞かせ」が効き始めると同時に、例えば目の前の仕事に集中できてしまうので、結局何もなかったかのように日常生活ができるようになります。

一方で、原始人にとっての2段階というのは、「まだ敵が近くにいて、再び戦闘が生じる可能性に備え、警戒を持続しなければならない状態」です。現代人の私たちでも、ふとしたことで、相手の動向が気になり、そわそわしてしまいますが、その気持ちも「忘れる、なかったことにする、言い聞かせる」という我慢系で封印していると、何とか日常を平静に保つことができます。

もしこの時点で、怒りをそのまま外に出してしまうと、相手は驚き警戒し、相手にも怒りの火がともります。すると、いわゆるエスカレーション（トラブルの拡大）が生じます。**我慢はこの外的エスカレーションを止めることができる**のです。

このように我慢という方法は、怒りという感情に対処するうえで、特に外的エスカレーションを避けるうえで、大変有効なツールです。ですからみんな、子どものころから、怒りに対して、このスキルを鍛えてきました。

では、このツールの欠点は何でしょう。感ケア5で考えてみましょう。

まず1つ目は、刺激（連続性）の観点からです。

もし、我慢によって乗り越えた怒りの対象との遭遇が、1回きりのものであれば、時間とともに環境もおだやかになり、うまく乗り越えられるでしょう。原始人の場合、見知らぬ人と遭遇しても、少し地域を変えれば、もう二度と会わないことも多かったでしょう。ところが現代人は、交通・通信手段が格段に広がっています。インターネットもあります。1回トラブルがあった人とこれからも何度も遭遇することも多い。こちらが忘れていても、SNSや検索ソフトが教えてくれることさえあります。この刺激の連続が、嫌な相手をすぐに3段階の対象に戻してしまうきっかけになるのです。

2つ目は、体調・蓄積疲労の観点からの考察です。

そもそも、この我慢系は、気力で思考を止めるので、大変エネルギーを使うツールなのです。しかも我慢は、一瞬で終わることは少なく、基本かなり長く続きます。

例えば怒りのスタートが、部下の凡ミスであり、その場で指導したとしましょう。理性としては「終わったこと」です。ところが翌日からも、何の工夫も改善もない部下を見るたび、あなたはイライラするはずです。その**毎日のイライラを必死に我慢しているとエネルギーがどんどん低下し、それだけで体調・疲労の2段階に陥ることもあります。**

すると、2段階の症状としての「理由のないイライラ」が加わります。また、2段階はイライラも2倍。2倍のイライラをその部下にぶつけたくなりますが、それをまた我慢して、2倍の疲労を溜めていく。こうしてどんどんイライラと疲れを増やしていくという悪循環に陥ります。そのまま事態が進むと、あるとき怒りの衝動を抑える力もなくなって暴発してしまうのです。

我慢系の欠点について、3つ目の防衛記憶の観点からも考えてみましょう。

2段階では、相手の嫌なイメージや、それに対してどう反撃するかなどのシミュレーションが自然に頭の中で続くのですが、我慢系の人はそれを強制的にシャットダウンしています。本来2段階では、そのような対策イメージや、相手に対する情報収集を進めて、本当に「もう危険がない」と安心してから、1段階に落ち着いていくものです。

ところが、我慢系の人は、その自然なプロセスを中断してしまうのです。理性が「相手はそんな悪いことを考えていない」「警察につかまるようなことまで相手がするはずがない」「他者のことをそんなに悪く思うことはよくない」などと、2段階での警戒・防衛シミュレーションを邪悪なもの、考えすぎとして、自己非難し、止めさせようとするのです。

しかし、原始人的には、きちんと相手の攻撃に対し準備をしておきたい。なので、また相手のことを頭に思い浮かばせます。それも、相手の悪意や次に予想される、とてもこわい攻撃をメインにイメージさせるのです。

こうやって、結局相手の悪いところ、危険なところだけが、何度も反復して思い出されてしまいます。難しい漢字だって、反復すれば覚えてしまう。相手のことに関しても、邪悪な側面だけが強調された記憶が育ってしまいます。

このように、**我慢系の対処では、怒りの健全な対処プロセスが阻害されるため、防衛記憶（恨み）が積みあがりがち**なのです。

最後は、4つ目の自信の観点からの考察です。

我慢系は自信を失いやすいのです。

刺激（連続性）、疲労、記憶によって、拡大された怒りの反応は、あるときついに暴発してしまいがちです。これまで怒りを完全に封印してきたその人は、うまく対処できなかった、失敗した……と、**ひどく自信を失います。**

このとき、人間関係に失敗した「第1の自信」の低下、怒りの衝動をコントロールできなかったという「第2の自信」の低下、暴発して周囲や組織からダメな人間とみられる……という「第3の自信」の低下が一気に生じます。すると、弱っている自分を守ろうとして、さらに敏感になるという原始人的反応が起こり、ちょっとした刺激で怒りが暴発するようになってしまうのです。

我慢だけの人は、パワハラ上司になりやすい

ここまで我慢をする対処法の欠点について、4つの視点から考察してきましたが、実際は、これまで考察した要素以外の欠点もあるのです。

例えば、我慢系の人は「少しのことで怒るのは良くない、怒りを表現するのはもっと良くない」と言い聞かせてきた人です。それが怒りをぶちまけてしまったとき、人を傷つけてしまったという**自責の念**を強く持ってしまいます。そして、相手が反撃してくるのでは、周囲から危険人物扱いされるのでは……という**強い不安**も持ちます。この**自責と不安の思考は、さらにエネルギーを奪う**原因になります。

では、そんなイライラする相手や環境から離れたらどうでしょう。刺激（連続性）からのケアです。ところが、我慢系の人は、これも苦手です。多くは「苦しみは我慢して乗り越えなければならない」と考えているからです。だから人の助けを借りるのも遅くなりがちです。

結局、我慢しても、刺激は続き、そのたびに我慢を繰り返すうち、疲労系のイライラに変わり、それがあるとき暴発し、自信を失い、自責と不安でさらに疲労が重なり、しかもその状態からなかなか改善できないという悪循環に陥りやすいのです。

この場合、そもそものスタートになった、例えば部下のミスなどは、1回きりのことです。外界に何の変化がないのに、部下の姿を見ることや、そのことを思い出すだけで刺激が続き、自分の内部で怒りがどんどん増殖しています。これを**内的エスカレーション**と呼んでいます。

総括すると、**我慢は当面の外的エスカレーションを止めることができるが、その代償として長期にわたる内的なエスカレーションを大きくする**危険をはらんでいるのです。当面の財政難を国債発行で回避し、将来に「つけ」を回すような感じです。

そんな我慢系の人は、暴発しやすくなっている自分の状況を「相手のせい」にして何とかバランスを取ろうとします。相手が悪いから怒るのも仕方ない。自分が怒らなければ誰が怒るという感じです。怒りには少しの快感が混ざっていますが、その快と「自分は正義」「自分は最強」の妄想が、折れそうな自信低下の苦しさを一瞬でも紛らわせてくれる。それが癖になるのです。

そんな指導は傍(はた)から見たら理不尽で、行き過ぎの指導になっていることが多く、**パワハラで訴えられるのもこの我慢系の人であることが多い**のです。

また、若いころはエネルギーが豊富で我慢ができた人でも、歳(とし)をとってエネルギーが少なくなると、我慢の対処がほころび、少しのことで暴発してしまう人もいます。老人がコンビニや駅で怒鳴っている場面を見たことがある人も少なくないと思います。

アンガーマネジメントがうまくいかないのは?

対処法を考察するうえで、我慢系の利点欠点を考えてきましたが、さらにもう1つ、アンガーマネジメントを例に考えてみましょう。既存の有効なツールも長所だけではなく、その限界も正しく理解したうえで、上手に使いこなさなければなりません。

アンガーマネジメントは、論理的なアプローチなので、理解しやすいし、体系化され学びやすいので、できそうな感じも得られやすい。ところが、アンガーマネジメントがうまくいかないケースも少なくないのです。これまで紹介してきた内容から、その理由を解説してみたいと思います。

アンガーマネジメントは、基本的に「理性によって感情をコントロールしよう」とするアプローチです。理性優位の西洋文化の影響を感じますね。これまで説明してきた「感情は理性でコントロールできない設定になっている」ということをあまり重視していないのです。

結果としてアンガーマネジメントは、感情が弱いとき、感情の3段階モデルでいうと、基本的には1段階、2段階の下ぐらいまでの怒りに有効なツールなのです。

ところが、会社が提供する講習を受講したという一般的なレベルでなく、実際に怒りのトラブルを強く自覚している人、つまり感情の2・3段階にいて、本当に何らかの対策を求めている人にとっては、「わかるけど、そうできない」ツールになってしまいます。わかるけどできない、は自信低下と自責を刺激するので、イライラの感情を余計に敏感にしてしまいます。

さらに、「どこを攻めるか」についても、3段階の認識が薄いような気がします。アンガーマネジメントは、**「自分の受け取り方を変えましょう」ということが基本**です。例えば「どうして自分はそれが許せないのか、怒ってしまうのか」、考え方や価値観を変える、ゆるめることを目指します。「考えを変えれば感情も変わる」という、感情よりも論理を尊ぶ、西洋の思考になじみやすい理屈です。

この、感情が発動する根本の「考え方」を変えるというのは、問題発生の基を正すということなので、根源的で一番良い方法のように見えます。戦闘で表現すれば、敵の「本丸」を攻めるやり方です。

ただ、問題は、現実的にそれができるかどうか、です。

こうした価値観は、そう簡単にゆるめられるものではありません。親や祖父母からの教えや自分なりの成功体験によって、意識的にも、無意識としても身につけてきたものであり、本人に染み付いているのです。別の言い方ではその人そのもの。頭で考えて、簡単に変わるものではないのです。

おそらくアンガーマネジメントは、1段階の人が1段階の人の怒りをイメージして開発したものではないかと想像します。2段階以降になると、根本の自分の感じ方・考え方を変えることは、とても難しくなります。病気のときには、勉強するのが難しい、スポーツもうまくならないのと同じです。

しかも、価値観を理性で変えていく作業についての方法論も、西洋文化と日本文化では違います。西洋文化は、宗教の教えをきちんと守ることに慣れています。一方日本人は、教えより「雰囲気」によって変化する民族です。

つまり、考え方を変えるという作業は、日本人にとっては、第1段階のとても恵まれた状態でなければ、うまくいかない作業であると認識するべきです。

もしそうであれば、イライラのトラブルを自覚し始めた2段階3段階の人が、価値観の修正にのぞむのは、「論理的には正しい攻め方」かもしれませんが、「無理な課題」であるという点で、負担が大きく、挫折しやすい攻め方だと感じます。

2段階以上の人が、アンガーマネジメントをやろうとし、「正しくない考え」を抑えようとすればするほど、結局「我慢頼み」に戻ってしまいます。エネルギーと防衛記憶を悪化させ、落ち込み、内的エスカレーションが起こり、怒りは逆にどんどん大きくなってしまいます。アンガーマネジメント講習に行った数日はうまくいったが、すぐに元に戻った、もしかしたら前より怒りっぽいかも……という状態になるのは、このためです。

怒りの根本の価値観や思想に手をつけるのは、一見とても論理的です。しかし、戦術の専門家の私から見たら、「弱っている今、なぜ、直接、守備の一番堅いところを攻める?」という気がします。今対処するべきことはほかにあるはずです。

「6秒ルール」をより効果的にするには

アンガーマネジメントには、私たちにいろんな気づきを与えてくれる内容が多数あります。「6秒ルール」もその1つです。これは、強い怒りも6秒やり過ごせば、そのピークを過ぎる。なんとかその6秒を耐えましょうね、というスキルです。

この6秒ルールというのは、通常の怒りの場合、「3段階（3倍モード）の怒り」（30ページ図1）が、数秒で消えていくことを教えてくれています。その間、気持ちの暴発をやり過ごし、「相手を罵倒してしまう」などの言動を防止するのは、怒りの外的エスカレーションを防ぐ点でとても意味のあることです。しかも、6秒だったらやれそうな気がします。「使える」感じです。

しかし現実は、6秒数えても、目の前にその相手がいて不服そうな顔で文句を言ってきたら、怒りはすぐ爆発してしまいます。むしろ、6秒我慢した分、逆に勢いがついてしまうことも。これが「使えない」という実感になります。

なぜそうなるのか。これも原始人をイメージすると理解しやすくなります。

怒りのピークが収まるのは、危険が低下している場合です。一触即発の間合いでは、戦闘モードを解いてはいけません。

6秒が重要なのではなく、「距離」が重要なのです。

例えば、数メートル離れれば、鉄拳は飛んできません。10メートル離れれば、戦闘だけでなく、逃げるという選択肢も生まれます。

怒りの感情をやり過ごすには、6秒ルールよりも、直ちに「その場を離れる」。それが最も効果のある方法です。

具体的には、化粧室に行く、喫煙所に行く、コンビニに行く、電話だと言って席を外す……など。対象が視界から消え、できれば音（声）も聞こえないところに行くと、自然と怒りは2段階に落ちてくれます。

もちろん、すぐに離れることができないシチュエーションもあるでしょうから、工夫が必要です。例えば、感情コンピュータの使用言語をうまく活用し、イメージの中で距離を取る、イヤホンやスマホの動画をうまく使う、他者と話す、電話をする、深呼吸をする……。そのような対処の代替案の1つとして、必死に数を数える（6秒）というのも有効な手です。

原則だけはしっかり理解して、たとえ6秒ルールがうまくいかなくても、いたずらに自分を責め、自信を失わないようにしておきたいものです。

仏教の教え「怒りを手放す」難しさ

怒りっぽい自分を何とかしたくて、宗教の門を叩く人もいるでしょう。

これも、うまくいく人とそうでない人がいますが、うまくいかない人の場合、実はアンガーマネジメントのときと同じように、「感情の強度を誤解している」「最初から強い敵を狙っている」場合が多いのです。

仏教などは、日本の文化になじみがあります。ですから、確かに親しみやすい教えも多いでしょう。しかし、お経の中などでも教えられているのは、基本的にはアンガーマネジメントと同じ、「自分（価値観）を変える」です。その中でも、欲望をなくすことと、感謝の念を持つことが、強調されているようです。これも、本当に「正しい」ことです。

ところが、こうしたことは、修行中の僧侶が、お寺などの限定された環境の中で、長い時間をかけて、ようやく怒りに対処できるようになった、そのときのコツなのです。

つまり、訓練されたお坊さんが、周囲も分別のあるお坊さんたちに囲まれ、世俗の煩わしさから解放されたお寺で生活するという、かなり恵まれた環境の中でようやく「欲望を消したり」「感謝したりすること」ができ、その結果、怒りをコントロールできるのです。

修行を積んだお坊さんでも、世俗に帰って、邪悪な人々と接したり、理不尽な世の中にもまれてしまうと、せっかく身につけた怒りへの対処が効果なく、「元の木阿弥」になってしまうこともあるでしょう。

だから、**単純に「感謝しなさい」とか「己を捨てなさい」と言われても、普通の人には、かなり難しい課題**なのです。そのコツだけで、すぐ怒りという強敵に対抗できるものではない、ということを知っておく必要があります。

考え方や価値観を変えるのは、怒りを発生させないためには、とても重要なことです。ただ、1段階の人でも、かなりの努力と時間がかかる、とても厳しい課題であることを忘れてはいけません。やろうと思っても、普通はできないものなのです。

ましてや、今イライラを何とかしなければと思っている2段階・3段階の人には、無理な課題です。

このような現実を知らないでいると、「お寺で教えてもらった通りにできない私はダメだ」「お坊さんのように、感謝できない僕はダメだ」などと、やみくもに自己嫌悪に陥ってしまうことになります。

「個人の対処法」と現代日本人の怒り

これまで、感ケア5の最後の要素「個人の対処法」を考察するうえで、我慢系対処や、アンガーマネジメントや宗教・倫理教育などの利点と欠点（限界）について解説してきました。ここで強調してきたのは、感情のメカニズムと、それに応じた上手な対応をしないと、外的・内的エスカレーションを引き起こし、逆にイライラしやすい体質になってしまうということです。

本書では、より効果的、かつ実行可能な「個人の対処法」を提案していくのですが、その前にもう1つだけ、確認しておかなければならないことがあります。これまでは、人間や感情の根源的な部分からの考察を進めてきましたが、私たち現代人の怒りについては、まだ十分に触れていないのです。現代人の怒りの強度や成り立ちをきちんと把握しないと正しい対処方針や攻めどころ（努力の向けどころ）を見つけることはできません。

最近、どうも日本人が不寛容、つまりイライラしているような気がします。他者の少しのミスを許せない。ネットでは、それぞれが軽い気持ちで吐き出した怒りが、数の力でうねりとなり、対象になった人を社会からだけではなく、本当に抹殺しかねない状態です。路上での煽り運転などの増加も目立ちます。一方で、お笑いなどの「いじり」、タレントや政治家などの本人的には他意のない発言などにも、いわゆる「失言」として強い拒否感を持つ方も増えてきました。何をしてもしなくても、誰かの怒りに触れてしまいそう……。そんな時代のように思えます。

私は、この**不寛容のトレンドは、文明化の一過程**だと思っています。物質文明が豊かになり、他者と協力しないでも、一人で生きていけるようになりつつある。一人で気ままのほうが楽ですから、どうしても、他者と交わる場面における耐性が育ちにくいのです。

さらに、昨今は**「多様性」**を強調するようになりました。これは文化的には前進だと思いますが、常に原始人を基準にものを考える私には、少し違う側面が見えます。

原始人は、異質を嫌います。攻撃される危険が高まるからです。多様性を認めるということは、自分の周囲にどうしても異質な人が増える。理性では「当然良いこと、あるべき変化」と認識できる多様化に対し、心の奥底で警戒心を高めてしまう部分がある。それが人間です。

多様化が進む段階で、人は知らず知らず不寛容に傾いているのだと思うのです。

ただ、人には「慣れる」という機能があります。無意識が感じる多様化への抵抗も、10年単位でゆるんでいくと楽観はしています。

現代人のイライラは「疲れ」が9割

大きなトレンドで不寛容になりつつあるのは社会全般の話ですが、実際に怒りのコントロールに悩む人たちの怒り（過敏さ）の原因は、別にあります。

怒りは、特定のターゲットに意識を向けてしまうので、本人は気がついていないことが多いのですが、多くの方のカウンセリングをし、それを改善してきた私は、感ケア5のうち体調・疲労、もっと言うと、**現代人のステルス疲労（蓄積疲労）が、怒りを過敏にしている主犯であると確信しています。**

原始人の場合なら、感情が3段階になるのは、猛獣に襲われたとき、災害に対処するとき、食料や地位、仲間をめぐって他者と戦うときなどが多かったでしょう。

現代人でも、災害やストーカー・いじめ被害にあったときは当然3段階になります。ところが、そのような明確な危険がなくても多くの人がイライラしているのは、感ケア5のうち、主に疲労・体調のせいなのです。

そんなことはない、俺がイライラしているのはあの同僚のせいだ、わたしの怒りはあのクズ夫のせい、いや社会や政治家が悪いからだ……。そういう声が聞こえてきそうですが、それは、すでに怒りの思考に乗っ取られた「結果」の結論なのです。

2段階で理性は50%、3段階になると、20%しか機能しません。自分では冷静に分析していると信じていても、他の人から見れば、違う結論が見えていることも多いのです。

ただ、カウンセリングをしていると、怒っている人の思い込みは本当に強い。まさにその方にとっては真実なのです。それでも、アドバイスにより疲労が回復して1段階になると、「私はどうして、あんなにあの人にこだわっていたのだろう」と振り返ることが多いものです。

現代人は、文明の発達で肉体労働や頭脳労働からは、だいぶ解放されつつあります。ところが同時に通信、交通、インターネットなどの発達が、人間の処理能力を超える情報をもたらします。そのあふれる情報に、私たちの感情が刺激されっぱなしなのです。

「感情労働」という言葉がありますが、**感情は肉体の活動と同様に、もしかしたらそれ以上に私たちのエネルギーを消耗させます。**普通の生活をしていても、現代人が疲れており、疲労回復ドリンクのCMが絶えず、皆が「癒し」を求めているのは、そういうわけなのです。

ステルス疲労（蓄積疲労）というのは、徐々に募る疲労のことです。肉体労働したときは、急激な疲労感を覚え、体もつらくなり動かなくなるので、休息をとろうとも思います。

ところが感情による疲労はじわじわと蓄積するので、短期間なら気合でごまかせるし、休息をとろうという気にもなりにくいのです。そうして自分では気づかないうちに、かなりの疲労状態、つまり2段階に陥ってしまうことがあるのです。

2段階になると、いつもより2倍疲労感を感じるのですが、それでも現代人は、他人や過去の自分と比較して「これぐらいは普通のこと、疲れるはずがない」と言い聞かせ、活動を止めません。意識ではそうでも、無意識では、弱りつつある自分を認識し、警戒するために怒りが発動しやすくなるのです。

もし、そこでイライラを出してしまうと、外的エスカレーションが起こり、それでまた疲れ、さらにイライラするようになります。ですから必死で我慢します。

一方で、我慢で怒りを封殺していると、我慢することのエネルギー消耗により、2段階がさらに深くなります。同時に、思い出しの度に防衛記憶が募り、自分の心の中だけで相手がどんどん邪悪になってきます。

そして、あるとき、小さな刺激をきっかけに、暴発してしまう。我慢する人は、怒りは悪だと考えていることが多いので、爆発した自分に自信を失い、自分を責め、さらに反撃を受けたり、仲間外れになったりすることを恐れます。そしてその感情で疲れが加速する。

これが先ほどから何度か解説している、「内的エスカレーション」です。**ステルス疲労**

は我慢する対処と相まって、内的エスカレーションを生みやすいのです。

この状態に対して、「怒りやすい性格を変えなさい」とか、「考え方や視点を変えなさい」「上手に表現しなさい」などのアドバイスをしても、2段階・3段階の怒りにはあまり通用しないことも、すでに説明しました。

では、反省してみるのはどうでしょう。

「またイライラして、家族に当たってしまった……」などと、怒った自分が受け入れられず、心ひそかに深く反省している人も多い。しかし2・3段階で行う反省会は、やがて過剰な自分責め大会になり、深刻な自己嫌悪におちいってしまいがちです。

失敗したら反省は必要です。ただ、自分の「思考」にダメ出しを始めると、ダメ出しの回数が異常に多くなってしまいます。**イライラするたびに「ダメ」と自分を叩き、その回数を重ねると、やがて心全体に「自分はダメだ」というメッセージが刻みこまれてしまいます。**

こうなると、自信が低下してきて、ますます落ち込みます。

あなたが今、**イライラしてしまったり、ついガミガミ怒ったりしてしまうのは、ステルス疲労が主な原因。多くの場合、性格や人格の問題ではないのです。**やみくもな反省会も怒りにとっては逆効果かもしれません。

2章

怒りはあなたの警備隊長

——怒りの役割を正しく知る

怒りのメカニズム① 怒りは自分の「警備隊長」

いよいよ具体的な対処法に入る前に、ここで怒りの感情の動きをもう一度まとめておきたいと思います。

これまでは怒りを敵という比喩で説明してきましたが、これからは、ケアを念頭に概念を整理したいので、より怒りの本質に近づけた比喩に変えてみたいと思います。怒りをあなたの命を守る「警備隊長」として表現してみましょう。

ここで、あなたの心の中に、いろんな感情の小人がいることをイメージしてみてください。愛、友情、不安、恐怖、喜び、嫉妬……。それぞれの小人は、原始人的価値観ですが、宿主であるあなたの生と性を守り、より豊かに生かそうとしてくれます。

さて、怒りとは「敵に反撃、威嚇する」ための感情。怒りの小人とは、あなたを敵の攻撃から守るための「警備隊長」なのです。警備隊長は宿主の危機にはすぐに駆けつけ、戦闘態勢を整えます。そして敵が退散するまで、警戒し見張り続けてくれます。

警備隊長の出動には次のような「きっかけ」があります。

❶ 力によって現状打破をしたいとき

「今、自分は、ものすごく怒っている！」とイメージしてみてください。さて、あなたの体はどんな動きをしていますか？

拳をぐっと握る。顔をしかめる。肩をいからせる。歯を食いしばる。いろいろな動きがあると思いますが、そのどれもが、内側に「力」を溜め込む動作かと思います。そして、力を十分みなぎらせて、それを一気に対象に向ける。

警備隊長は、**「力ずくで、現状打破をしたいとき」に出動**します。**力によって解決する、**これが怒りの本質です。

例えば小さい子どもがコップのふたを開ける作業がなかなかうまくいかないとき、あるとき急に、そのコップを振り回して投げ出す、なんてことがよくありますよね。あのときの一時的な興奮が怒りの原点の形だと考えています。

宿主に、**物事がなんとなく「うまくいかない感」があるとき、**例えば仕事や人間関係がうまくいかないとき、警備隊長が発動準備しています。赤信号で頻繁に止められたり、満員電車で身動きが取れないときも、「思うようにできない」ことからイライラを感じるのです。そのとき、体には無駄に力が入っています。

❷外敵への防御をしたいとき

警備隊長はあなたを脅かす「外敵」を察知したとき、直ちに出動、防御してくれます。それは主に次のような場合です。

- **自分や仲間への攻撃・搾取の兆候がある**
- **時間と労力に比した報酬が少ないと感じられる（損の感覚）**
- **自由が制限された、邪魔をされたと感じられる**

例として、上司である自分に対して、日ごろから不遜な態度をとる部下がいるとしましょう。その部下がトラブルを起こし、部署全体に迷惑をかけてしまった。しかし、その部下は謝るどころか、開き直った態度に出た……。上司である私にとっては、まさに自分に対する攻撃の「兆候」であり、「警備隊長」は部下に対する反撃の準備を整えます。

また、原始人にとって、自分の働きに見合った獲物の取り分を確保することは、命に関わることですが、現代でも同じような状況になると、警備隊長が目を光らせ始めます。時間と労力に比した期待通りの報酬が得られないとき、例えば次の仕事、評価、給料・待遇など、「自分の取り分」について損を感じたときには、攻撃されたと判断し、反撃の準備をします。

同じように、自分の自由が制限される、邪魔をされるような事態も「生命維持に必要な活動を制限されている」状態として、「警備隊長」が動き出します。

特に私たちが弱っている状態になると、原始人的には、他者から攻撃される可能性が高まってくるので、警備隊長はいつも以上に警戒を強め、怒りが発動しやすくなるのです。

現代人でも、**疲れているとき、どこか痛むとき（ケガしているとき）、おなかがすいているとき、寒いとき、孤立しているときなどは怒りっぽくなる**わけです。

一方警備にもエネルギーを使うので、いつも以上に警戒を強めることで、さらに疲れて怒りやすくなる、という悪循環にも陥りがちです。

怒りは、一見攻撃的感情のように思えますが、本質はこのように、防御の感情です。

ライオンもトラも、満腹のときは、自分が無駄に疲れたり、ケガを負ったりするリスクを冒してまで、獲物を襲うことはしません。狩りに出るのはよほど空腹のときのみ。

よく怒る人は、何でもかんでも攻撃してくる、というイメージがあるかもしれませんが、必ずしもそうではないのです。怒りには快感が含まれているので、その快感に依存的になっている場合もありますが、ほとんどの怒りは、よく観察してみると、そのベースに「被害者意識」や「損の感覚」があることが多いのです。

❸秩序維持（世直し）をしたい

警備隊長は、「秩序を保ちたい、世直しをしたい」というときにも出動します。サル山を思い浮かべてください。ボス猿は、自分に従わない猿たちがいると、威嚇して従わせようとします。ボス猿は「怒り」をもって、秩序を乱す「悪を予防」し、かつ自分の「覇権を誇示」しようとする。企業などの組織の現場でも同じことが起きます。自分の秩序やルールを乱すものに、人は怒りを持つのです。

私は、周囲から「パワハラ」と言われた本人に、話を聞くことも多くあります。パワハラをしてしまう人たちは「良かれと思って」「やりたくないけどあえて」、厳しい指導をしている、と言うことが多い。「俺があいつに言わなくて、誰が言うんだ」「部下のため、会社のためを思ってやっている」などです。

そこには、「社会の警察」的感覚がベースにあります。「私が正したい（正さなければ）」という思いがあり、正しいと思う以上、それに反する人が許せない。

その正義の内容と強制行動が、現実世界と折り合っているかどうか、適正な「程度」であるかどうかが大事なのですが、パワハラをしている人の中では、そこへの十分なチェックがないまま、**自分の主観だけで、強烈な原始人的感覚の命がけモードで正義を通したくなっているのです。**

今回のコロナ禍でも、**自粛警察やマスク警察**など、この秩序維持の怒りがよく見聞きされたところです。

怒りのメカニズム② 警備隊長の活動

体と心を戦闘モードに変える

①力による現状打破、②外敵への防御、③秩序維持（世直し）が必要なとき、警備隊長が出動します（＝怒りの感情が発動）。感情は、その目的のために、体と心を変える力を持っていますが、警備隊長は体と心をどう変えるのでしょう。

警備隊長は、出動準備命令がかかると、命がけの戦いにそなえ、筋肉を固くし防御の態勢をとるとともに、体全体に力をみなぎらせます。呼吸も荒くなります。歯や目をむき、顔を紅潮させ、声を荒らげ、音を立て、物を壊すのは威嚇のためです。これらが体の変化です。頭に血が上る、ムカッとする、カーッとなる、などと表現される変化です。

警備隊長は、心（認知機能）にも変化をもたらします。

まず、今兆候がある危険の危険度をできるだけ早く判断したいので、その視点で追加情報を探します。そして少しでも危険だという情報が入ったなら、必死に予測、対処の計画、準備をし、監視を強化し、いざ実際に行動するときは、相手の命を躊躇なく奪えるように、無謀で暴力的な思考しかできなくなります。

現代人にはあまり認識がありませんが、**本当の戦闘、例えば武士の斬り合いなどでは、剣道の腕前より、肝の座り方、つまりメンタルのほうが圧倒的に重要**だったと言われています。また、近代戦場でも、接近戦で特に重要なのが、無慈悲な心になることです。慈悲の心が出た瞬間、引き金を引くのを躊躇してしまい、その隙に、敵に撃たれてしまうからです。

怒りは、訓練された軍人のような思考・心理の状態を私たちにもたらしてくれるのです。

このような**怒りによる認知（情報の取り方、考え方、考えの基準）の変化は、「危険な状態になるかもしれない」と認識されるや否や始まります。**まるでスイッチが入るような感じです。いろんなスイッチが入るのですが、これらは、怒りをケアするうえでとても重要になるので、もう少し具体的に見てみましょう。

被害妄想スイッチ

例えば、自分が弱っているときとか、何らかの不公平を感じたとき、警備隊長は「損の感覚」をさらに鋭敏にし、**被害妄想視点で情報収集**します。自分は「攻撃・搾取されているのでは……」という前提で見るスイッチが入るのです。そうすると何げないことでも、自分は都合よく使われている、十分評価されていないなどと、感じます。「自分だけ仲間外れにされている、見捨てられる……」と感じるのもこの思考の一部です。

上司の「少し休んだら」は、「辞めさせようとしている」と変換されますし、部下の単純な間違いは、「俺を陥れようとしている」と翻訳されます。

すでに明確な敵がいる場合は、このスイッチが、相手の動向を**悪意のほうから検索**させます。現在の言動だけでなく、過去の記憶も総動員します。もし過去にもトラブルがあり防衛記憶が育っていたら、怒りの発動は極めて早くなります。

自分最強、自分は正義という妄想スイッチ

いよいよ敵の悪意が明確になりつつあると、警備隊長は、**「自分最強妄想」**のスイッチを入れます。自分は強くて、どんな敵にも負けないという自信です。怒ったヒラ社員が、

「社長室に乗り込んでやる」と意気込んでしまう、あの状態です。もちろん、多くの場合3段階の怒りはすぐに収まり、「あいつは口だけだ」という結果に落ち着くのですが、この最強妄想があるからこそ、恐怖や不安を一時的にマヒさせて、命がけの行動に出られるのです。一過性の自信ですが、これには快感があり、**一種の麻薬的な側面**があるので、いわゆるDVやパワハラがやめられなくなる1つの要因でもあります。

自分最強と同時に、**「自分は正義（相手は悪）妄想」**というスイッチも入ります。このスイッチによって、他者に苦痛を与えたり、暴力をふるうことができます。秩序維持の怒りではこのスイッチが強く入ります。

この「自分最強」と「自分は正義」という思い込みの強さは、妄想レベルです。妄想というのは、いくら周囲が客観的事実を伝えても、納得できない状態です。本人にとっては事実なのです。逆に言うと**妄想させることで、怒りは役割を全うする**のです。

このとき、理性は働かなくなっているのですが、頭が回らなくなっているわけではありません。もともと頭のいい人は、論理的に考えることが得意なので、この状況で「いかに相手が悪で、自分が正義か」という論理付けには、とても頭が回ります。ただ、理性コンピュータによる客観的な視野は持てません。

怒りを表現したいスイッチ

警備隊長は、自分の**怒りを敵や周囲に知らせる**スイッチを入れます。

直接的な戦いを準備する一方で、戦闘になると自分の命も危なくなるので、できるだけ表現だけで、つまり**「威嚇」で勝負をつけようとします。**声を荒らげたり、睨(にら)んだり、机を叩(たた)いたりして、なるべく威嚇したがります。

図4　怒りのスイッチ

- 力が出る（出したい）
- 被害妄想視点（悪意検索）
- 自分最強妄想
- 自分は正義（相手は悪）妄想
- 怒りを表現（威嚇）したい
- 味方工作
- 敵か味方かの二分
- 先制攻撃
- 勝ち負け（謝罪）固執
- 死なばもろとも（自己犠牲）

また、秩序維持の怒りの場合も、ある人を対象にしつつ、「俺はこんなにこの場を支配しているんだ」と、周囲にわかる場で怒りを表現するのです。いわゆる見せしめの感覚。

「部下の指導は、プライドを傷つけないよう個別の場でやるべし」という心得を知っていても、どうしてもみんなの前で怒鳴ってしまったり、その人の悪口を聞こえるようにつぶやいたり、ため息をついて見せたくなるのも、警備隊長の指示のせいなのです。

現代人の私たちは「怒りはなるべく表現しないほうがいい。理性的な自分でありたい」と考えますが、原始人的には表現したくてたまらない。むしろ、そちらのほうが、相手が引くなどして戦闘を避けることができるからです。

味方工作と、敵か味方かの二分スイッチ

緊張状態が続くとき、もう1つ警備隊長が奔走するのが、**味方工作**です。

この戦いで勝利するためには、自分に**味方する仲間を得たい**というスイッチが入ります。原始時代の戦いは、人数勝負。一人でも自分側につけたい。その思いは、現代人の我々にも強く残っています。腹が立つと、どうしても相手の悪口を言いふらしたくなる。カウンセラー一人につぶやいたって満足しないのです。

怒りを表現したいスイッチと相まって、たくさんの人に相手の悪行や危険性を伝えて、味方を募ります。現代人の場合、それがＳＮＳの中で行われるので、悪口が拡散しやすいのです。

この状態になると周囲の人に対して、警備隊長は**「敵か味方かの二分」**スイッチを入れます。戦いの中で、敵につく人なのか、こちらの味方なのかは、とても重要ですし、敵な

ら、防御（もしくは反撃）しなければならないからです。

例えば、ある人が手のかかる部下に腹が立っているとき、同僚が、

「そんなにイライラするなよ。部下もまだ経験ないんだから、お前がフォローしてやればいいじゃない」

と言ってきたとしましょう。すると、その人は、

「おまえ、どっちの味方なんだよ」

と、思わず強い口調で言ってしまう。想像しやすい一場面ですが、「敵か味方かの二分」思考によるものです。

先制攻撃スイッチ

周囲を巻き込みつつ一触即発のこの状態では、いつ命がけの戦いがスタートするかもしれません。原始的な戦いでは、先制攻撃はとても有利です。

警備隊長は、相手からいつ攻撃されるかと、最大警戒モードに入っています。「攻撃されたら完全に防御し、すぐ反撃する」と思っているので、常に相手から目を離さず、むしろ逆に「攻撃される前に俺がやる」ぐらいの勢いです。**常に攻撃を開始するタイミングをうかがう**スイッチが入っています。

売り言葉に買い言葉、上げた拳が下ろせない、ガンをつけあう、注意されたら逆ギレをするなどという状態になるのは、開戦に向かわせる、このスイッチが入ってしまっているからです。

勝ち負けをハッキリさせたい、死なばもろともスイッチ

さて、いよいよ相手とトラブルになってしまいました。

もちろん現代人の場合、暴力にはならず、口喧嘩(げんか)で終わることがほとんどでしょう。そんな争いの途中、誰かが仲裁に入ったとしても、警備隊長は、簡単にはその仲裁に乗りません。いったん戦いが始まったら、**「どちらが勝ったか負けたか、ハッキリさせたい」**スイッチが入るからです。

原始人にとっては、命がけの戦いは、そう何度も起こしたくない。いったん起きてしまったら、きちんと決着をつけ、次の争いごとが起こらない状態までもっていきたいのです。現代人から見れば、無意味な戦いでしかないし、「喧嘩両成敗」でいいじゃないと思うのですが、警備隊長は、ぜひ勝ちを取りに行きたいのです。

では、警備隊長の言う勝ちとは何か。そもそも多くの場合、この直接紛争は、他愛もないきっかけで勃発していることが多いのです。

ある大会社の部長2人が、プリンターの置き場をめぐって大喧嘩をしましたが、そもそも昔から仲が悪かったのです。喧嘩の後は、プリンターの場所などどうでもよくなっていました。お互いの部長が求めるのは、どちらが上か下かという明確な立場です。具体的には「謝罪」。これが確定すれば、原始人的には次の紛争をある程度予防できるからです。

現代人でも、**事態は収まっているのにどうしても「謝罪」にこだわってしまう、あるいは逆に「ごめんなさい」を言うことに抵抗してしまう私たち**がいます。理性では、さっさと謝ってしまったほうがうまくいくのに……と思っていても、警備隊長がそれを止めるからです。

もし、相手との関係が硬直化したり、なかなか相手が変わらない場合は、**「死なばもろとも」**スイッチが入ることがあります。正義のスイッチも手伝って、自分が犠牲になっても相手をつぶそう、足を引っ張ろうとしてしまいます。傍(はた)から見たら、あなたもつらいだけ、なんの得があるの?と思うようなことをしてしまいます。抗議のテロ、抗議の自殺など、そこまで極端でなくても、相手が得するぐらいなら、自分とともに損をさせるという非建設的な行動に出る人は少なくありません。

警備隊長の警備スイッチがオフになる要素

このように、警備隊長は、戦闘に陥る危険があるときに、宿主の命をきちんと守れるように、様々なスイッチを入れて警備態勢を固めます。このスイッチが現代人である私たちが怒りに翻弄されてしまう本質なのです。

感情の3段階、それに影響する感ケア5の状態でこれらのスイッチの強度が変わるのですが、では、いったん入ったスイッチはどういう過程でオフの方向に動くのでしょう。

○刺激から離れたとき（感ケア5の「①刺激（連続性）」）

敵から離れれば、当面の戦闘は回避できます。3段階から2段階へ移行できます。

○疲労や身体の不調を感じないとき（感ケア5の「②体調・蓄積疲労」）

自分が弱っているときは、スイッチが強く入りますが、元気なときは入りにくくなります。また、小競り合いによって、ケガや疲労が生じたときは、戦闘が終わってもスイッチはオフになりにくくなります。

○敵の意図がわかったとき（感ケア5の「③防衛記憶」「④自信」）

今回の敵の意図を推察します。記憶も総動員します。敵に強い殺意がないと判断された場合には、スイッチがオフになります。本当にこちらを殺す可能性があるかどうか、最悪のケースを基準に、その可能性を探ります。

○敵の攻撃能力や出方がわかり、それへの対応策があるとき（感ケア5の「③防衛記憶」「④自信」「⑤個人の対処法」）

敵の意図だけでなく、敵に何ができるか、どう攻めてくるかをきちんと分析し、対抗手段をイメージします。有効な対応策のイメージが持てるとスイッチがオフに動きます。

○対策（計画と準備）をきちんと完成できたとき（感ケア5の「③防衛記憶」「④自信」「⑤個人の対処法」）

意図と能力に基づき、敵がどう出てくるかを読み切り、対抗策として具体的、現実的な防衛計画をまとめます。ここで少しオフになり、そしてそれが実行できるように実際に準備ができると、完全オフ状態に近づきます。

○継続的監視体制が取れたとき（感ケア5の「③防衛記憶」「⑤個人の対処法」）

相手の情報が入らないというのは、とても怖いことです。相手の情報が入る体制が取れると、少し落ち着きます。もし、情報が入らない、収集体制も取れないときは、頭の中でこれまでの情報をもう一度おさらいする作業が続きます。この間はオフになりません。

○援軍（味方）が得られたとき（感ケア5の「④自信」）

原始人の戦いは人数勝負なので、自分の味方が現れると、がぜん有利になり、スイッチがオフになります。

○ある程度警戒していても、敵が攻撃してこないとき（感ケア5の「①刺激（連続性）」）

以上の準備ができても、できなくても、とにかくある程度敵が攻めてこない状態が続けば、大変エネルギーを消耗する警戒態勢をだんだん解いていきます。すべての怒りスイッチが少しずつオフになっていくのです。これを時間が解決するという意味で、「時薬（ときぐすり）」と呼びます。

警備隊長のスイッチは、このように感ケア5のすべてが関わって、オフになっていきますが、特に、**自信と記憶の関わりが大きい**ようです。

自信とは、自分と敵との戦闘力の比較です。考察した対抗手段が有効そうで、敵よりも強いと感じられる状態が「自信がある」と感じられるときです。そしてその自信のよりどころになるのが記憶。怒りに対する具体的な対処法でも、この自信と記憶を上手にケアすることを考える必要がありそうです。

警備隊長の特性を正しく理解しケアする

以上が、警備隊長の性質、すなわち「怒り」のメカニズムです。

警備隊長は、融通は利かないけど、純粋で情熱的、あなたの愛すべき大切な部下です。

これまで主体であった**我慢系の対処は、この警備隊長を、無視し、非難し、制約を与える方法**でした。警備隊長は、とてもつらい思いをしたでしょう。それでも警備隊長はあなたの生命や権利をひたすら守ろうとしてくれています。

あなたが警備隊長の口をふさごうとすればするほど、「本当は危険なんです、気づいてください」と必死に大声を上げます。これが、**怒りがなかなか収まらない状態の正体**なのです。

では、どうすればいいいか。

まず「しっかり警備隊長の存在を認めること＝怒りの感情を排除しないこと」が、大切です。**「怒っている自分」を否定せず、しっかりと認めて、受け入れる**ところから始まります。これが「否定ではなくケア」と表現しているつき合い方です。

ちょっとイメージしてください。警備隊長はあなたのボディーガード、用心棒のような人です。いざこざがあれば、すぐ前面に出てきて命がけであなたを守ろうとしてくれる。

今回のいざこざでも、真っ先に駆け付け、相手を威嚇し、交戦準備をしましたが、理性が我慢のシールドをかけて、とりあえず現場から離れました。警備隊長は、断腸の思いで、奥歯をかみしめながらも、理性の言うことを聞いてくれたのです。

さて、自分の陣地に戻った警備隊長に対し、あなたには2つの態度があります。

1つ目は「どうしてあんなことぐらいで怒ったの？　トラブルが大きくなるだけじゃない。きちんと後先を考えなさいよ。ちょっとしたことでカーッとして、子どもじゃあるまいし……」という**非難の態度**です。

2つ目は、「よく頑張って、我慢してくれたね。あなたがいるから、私たちは安心して生活できることを、私たちはいつも忘れない。あんなひどいことをされたら、怒るのも当然。それをこらえるのは大変だったでしょう。本当にお疲れ様」という**ケアする態度**。

前者の非難の態度をとられた警備隊長は、安全な場所に帰ってからも、「この事態の本当の危険性をわかってもらえていない、自分の正当性を理解してもらっていない」と大声で主張したくなります。その口をまた理性がふさぐのですが、警備隊長の言葉にならないうなり声は響き渡り、理性やほかの感情の冷静な対策会議をストップさせてしまいます。

結局、その会議では、現実的な案が多数決で採用されるのですが、決定後も警備隊長は、敵の危険性を訴え続けます。無理もありません。宿主に危機感は理解してもらえず、敵への対応策も検討できず、今後の警戒システムも整備できていない状態なのですから。

それに比べ、後者の「ケアする態度」をとってもらえると、とりあえず警備隊長は、自分の声を聴いてもらえ、存在価値を認めてもらえたことで落ち着きます。その後、警備隊長が、敵への応急的な防御についてある程度のイメージを持てれば、もう警備隊長は大声を出すことはありません。今回のトラブルへの「現実的な対応」の会議を、すべての思考や感情、全員で協議できる状態になってくるのです。

もちろん、警備隊長はその後もしばらくの間は、敵の監視を続けますが、とくに現実に何も起こらなければ「あれ、そんなに相手に敵意はなかったかも」と判断して、やがて、自然に心のバックヤードに戻っていきます。

このように、警備隊長（怒り）とのつき合い方には、コツがあり、プロセスがあるのです。ただ、力ずくで口をふさぐだけのやり方は、あまり効果的な方法とは言えません。

それでは、実際に、どのように警備隊長をケアすれば良いのでしょうか。次の章では、より詳しいスキルと手順をお伝えします。

3章

怒りの暴発を防ぐには、警備隊長をケアする

――「6つのプロセス」で怒りをコントロール

怒りのパワーは思っているより強大

怒りは、宿主の体と心を乗っ取ります。普段はどんなに冷静な判断や態度を心がけている人でも、別人のようになってしまいます。

また、怒りは、内に溜めたパワーを一気に発散させようともします。戦いの場を想定しているので、瞬時の行動が大切だからです。大声を出す、相手を罵る、モノを投げつけるなど、とっさに相手を打ちのめそうとする。その**瞬発力は強烈**で、なかなか抑えるのが難しい。

さらに、**怒りの感情は、そう簡単には解消しません。ピークがすぎても、いつまでも持続します。**日常生活の中で、当面のトラブルは終わっても、ひきずってしまうことはよくあることです。

「あのケンカはもう終わったことだ。それなのに、いまだにあいつにイライラしてしまうなんて、なんて俺は心が狭いんだ……」

などと、胸のうちで自分を責めている人も多いでしょう。しかしそれは、怒りの持続時間を知らないだけです。**怒りは、対象が目についたり、気配を感じたりする限り、長くくすぶり続けます。**

「怒り」は、人を乗っ取る。瞬発力を持つ。ピークは案外早く収まるが、ピリピリした感じは結構、長く持続する。

このような手ごわい「怒り」に対して、私たち現代人はよく「我慢」や「自分への言い聞かせ」で、抑えようとしますが、時々、破綻して落ち込みます。

一方、1章で述べた通り、発生そのものを抑えようと思って価値観などを修正するのは、実現するのが難しい。「強力でしぶとい敵」を叩こうとする方法で、理屈上は正しくても、戦術としてはベストとは言えない。まずは「弱い状態の敵」「対処しやすい敵」を狙って、怒りに対処していくべきです。

現実問題解決と感情のケアは別作業

私たちはトラブルがあると、まず現実問題を解決する方法を考えます。問題が解決すれば苦しさもなくなる。ところが、そのトラブルが大きくなり**感情が発動し始めると、感情が理性的な問題解決を妨げてしまいます。**

そこで、感情を我慢によって無視、制圧しながら、現実問題に意識を向けてきたのです。これはなかなかいい方法で、小さなトラブル・短期的なトラブルには効果的です。しかし、その限界はこれまで説明してきた通りです。では、どうすればいいのでしょうか。

重要なのは、「現実問題の解決と感情のケアは別」ということを理解してアプローチすることです。感情が発動するような大きなトラブルの場合、**きちんと現実問題を考察したいのなら、その前に感情をケアする必要がある**のです。感情のケアのプロセスは、理性から見たら、問題解決と関係ないか、むしろ逆にトラブルを大きくしかねない感じもしますが、結果的には急がば回れ。感情のケアは、理性的問題解決の近道なのです。

例えば、幹線道路が事故渋滞しているとき、他のルートを進むために、いったん目的地と逆の方向に進むのはよくあることです。目先の方向性だけでなく、大きな視野で見たときに、早く目的地につけるルートを進みたいものです。

これから紹介する手順もまた、試してみても、始めのうちは違う方向に進みそうで、違和感が大きいでしょう。しかし、しばらくすると、その効果を感じると思います。というのも、そのほうが人間の自然な思考に沿っているからです。問題解決偏重の思考手順は、文明の中で、教育されて身についたもの。感情が小さいとき用の思考法なのです。通常の仕事や生活などでは重宝しますから、それを捨てることはありません。

感情が大きいときの手順を、あなたの思考ソフトの1つとして新たにインストールすればいいのです。

怒りに対処する「6つのプロセス」

では、具体的にはどのようなアプローチが怒りに対して有効なのでしょうか。ここでは、警備隊長の特性にきちんと配慮した対処法をご紹介します。特に重視するのは、「警備隊長の警備スイッチがオフになる要素」（80ページ〜）です。

カウンセラーとしての長年の経験と研究から、多くの人が実践しやすいように「6つのプロセス」としてまとめてみました。「感ケア」のエッセンスを「怒り」対処に特化して抽出したものです（次ページ図5）。

①受け身をとって刺激から離れる（物理的な距離、時間をとる）
②疲労のケア（体調管理、蓄積疲労のケア）
③警備隊長（感情）のケア（警備隊長の声を聴く・敵の意図、行動を予測する・対応シミュレーション・監視システム・味方を作る）
④現実的対応を考える（感情と理性の共同作業として）
⑤記憶のケア（恨みにしないために、しっかり整理する）
⑥これまでの手順を数度、繰り返す

❹現実的対応
（感情と理性の共同作業）

- 思い出すタイミングで
- ノートに書き出す
- モデルの力

❺記憶のケア

- 早めの謝罪
- 国交回復
- 対処イメージ鮮明化
- 総括・物語化
- 7つの視点
- 疲労の観点
- ゴールデンファイル
- 経緯分析

❻繰り返し

- アレンジしながら回す
- 日常の小さなイライラに使う

4

5

6

実際は何度も3・2段階の怒りを繰り返しつつ、次第に1段階に落ち着いていく

時間の経過

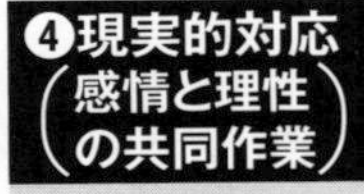

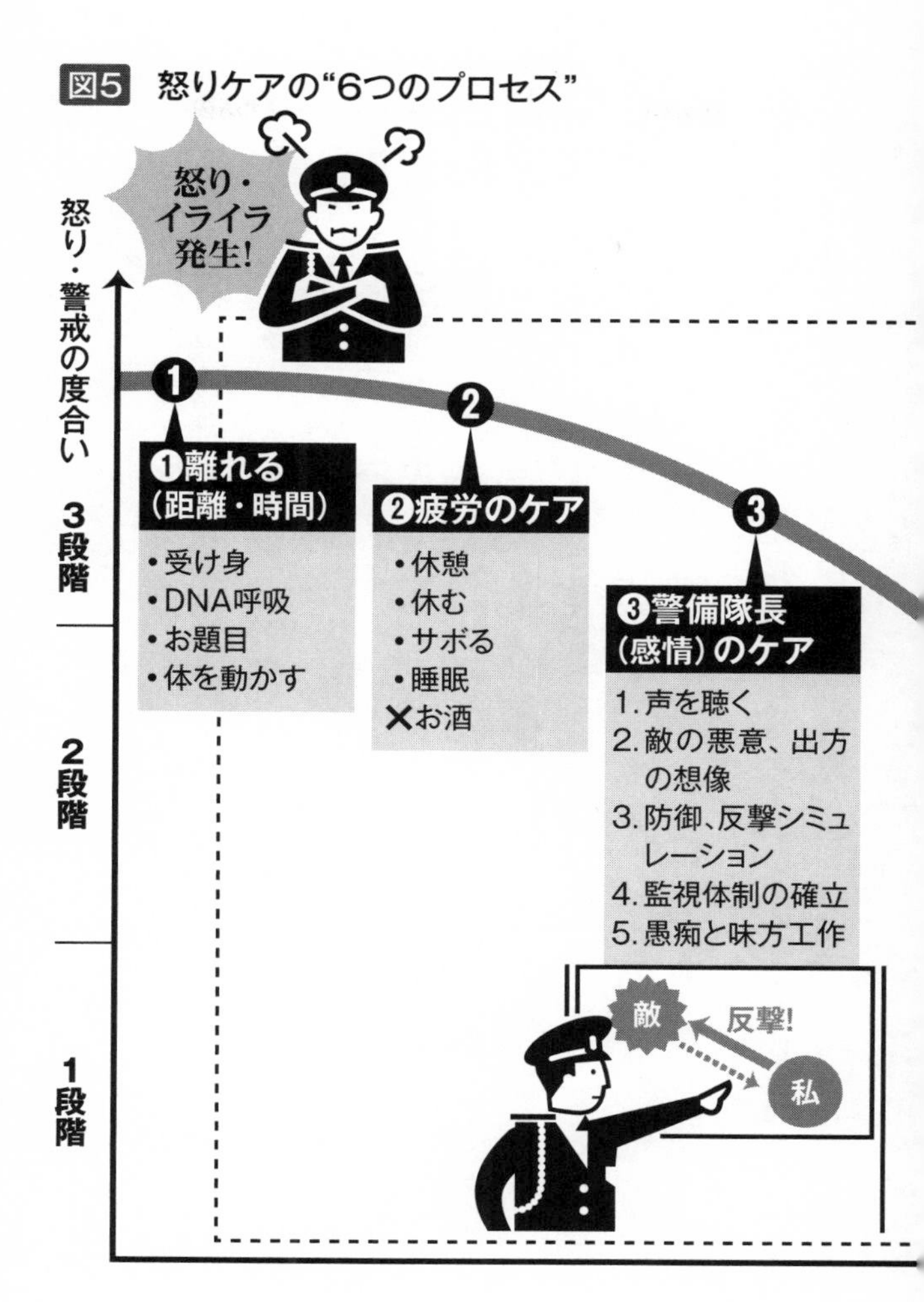
図5　怒りケアの“6つのプロセス”
怒り・イライラ発生!
怒り・警戒の度合い
3段階
2段階
1段階
❶離れる（距離・時間）
•受け身
•DNA呼吸
•お題目
•体を動かす
❷疲労のケア
•休憩
•休む
•サボる
•睡眠
✕お酒
❸警備隊長（感情）のケア
1. 声を聴く
2. 敵の悪意、出方の想像
3. 防御、反撃シミュレーション
4. 監視体制の確立
5. 愚痴と味方工作
敵
反撃!
私

順に解説していきます。

❶ 刺激から離れる（物理的な距離、時間をとる）

部下や上司、配偶者やパートナー、子どもなどが気に入らない態度をとって、ムカッとして「怒り」を感じたら、あなたはただちに相手をやりこめたくなるでしょう。原始人モードで、まさに戦闘態勢に入ります。

しかし現代において、実際に暴力をふるったり、ひどい言葉や脅迫的な言葉を投げつけたりすると、相手を傷つけるだけでなく、罪に問われることもあります。SNSやメールで衝動的に送ってしまったメッセージが、後で訴えられることもあるでしょう。

そこまでいかなくても、怒りをぶつけられた相手は嫌な思いをします。そしてあなたに敵意を持つでしょう。外的エスカレーションが始まってしまいます。

また、イライラしている人は嫌われます。職場などでの人間関係にも、評価にも影響してしまいます。

現実の社会で大切なのは、**不本意でも、その場では、できるだけ怒りを抑える**ということです。口論になっても、できるだけ早く、いったん終わらせます。言い合いは、もう怒りの3段階、冷静な議論でなく、勝つか負けるかの論争になりがちです。

自分や相手が、少し怒りモードになっていると感じたら、反論せずに間合いを切ることを心がけてください。いったん、相手の言い分を要約し、「きちんと聞いてはいる」というメッセージを出します。そのうえで、**「ちょっとよく考えさせてください」と時間をもらう**のです。相手の勢いが強い場合、**「ごめんなさい」「申し訳ありません」と謝ってしまうのも手**です。「悪いと思っていないのに謝れない」と思うかもしれませんが、緊張回避の「挨拶」、あるいはプロトコル（手順）だと考えてください。

と、簡単に書きましたが、ここは練習が必要です。怒り対処でうまくいかなかったと反省することがあったら、この当初のいなし方をいくつかシミュレーションするチャンスです。他の人の受け流し方を観察し、参考にしてもいいでしょう。

私は**「柔道でいう、受け身の練習ですよ」**とよく説明しています。受け身とは相手の力に逆らうのではなく、むしろ自ら転んでダメージを少なくし、態勢を取り直す技です。投げられたから投げ返す、殴られたから殴り返すのでは、威勢と気分は良いかもしれませんが、現実のトラブルを後々まで大きくするだけです。

怒りをコントロールするためには、**まずは今の火種を消す、もしくは、せめて小さくしておく。これは極めて現実的な戦術であり、一種の処世術**です。

「相手の言いたいことを聞くなんて、悔しくて、余計に怒りが広がりそう」と思った方。ここでは、被害を最小限に食い止めるため、なんとか表面上「受けてみせる」だけで完璧です。外的エスカレーションを防ぐための、初期消火法です。多少の泡まみれは仕方ありません。あなた自身の心の中の怒りのケアと、今後の防御態勢作りはこの後しっかりやりますので、安心してください。

「受け身」をとりつつ、続いてやるべきなのは「離れる」。怒りの相手や対象から、ただちに物理的な距離を取ること。具体的な行動としては、席をはずす、部屋を出る、トイレに行く、などです。

そのうえで、怒りのピークをやり過ごすまで、**時間を稼ぎましょう**。自分で「嵐が過ぎた」と思えるまで待ちます。場合によっては数分で、コトによっては数日以上かかることもあるかもしれません。

怒りが発生する場面は、現実世界のどんな小さな出来事であれ、原始人的には「殺し屋」に遭遇したのと同じ。物理的、時間的に距離を取ることで、「とりあえずの安全を確保した」という感情へのメッセージになります。感ケア5の「刺激（連続性）」に対するケアです。もちろん、それでただちにすべての怒りが収まるものではありませんが、その後の「手当て」が容易になるのだと考えてください。

　距離と時間をとることが現実的に難しいときは、感情のコンピュータの使用言語である体感やイメージを上手に使うとよいでしょう。深呼吸したり、大好きなアイドルや恋人、孫やペットのイメージを頭の中に浮かべたりして気をそらす、などの方法を工夫してください。スマホを使えば、動画や音楽の世界にワープすることもできます。ＳＮＳを使って他者とコミュニケーションをとれば、そこに集中し怒りの相手のことをしばらく忘れることもできるでしょう。とにかく、正解はないので、自分なりの距離の取り方を工夫してほしいのです。

　実は、**怒り対策では、このステージが一番の難所**だと思っています。一歩間違うと外的エスカレーションを招きかねない、とてもデリケートな場面ですが、あまり小手先のスキルが効かない部分なのです。性格や我慢、場数に依存するところもあるので、**「人生の修行」**的なものだと思ってください。

　ここで鍛えるのは、いわゆる人間性の部分です。そのヒントは⑤記憶のケア（１２７ページ）でも紹介します。

　この難所を何とか乗り越え、外的エスカレーションさえ避けられれば、後は自分の内面だけの問題。つまり、警備隊長をいかにケアするかというテーマになります。そこは練習と工夫次第で、ある程度すぐに効果が出てくることが期待できます。

さて、決して万全の方法ではありませんが、比較的使いやすい距離を取る方法として、感情のケアの講座で練習しているツールをいくつか紹介しましょう。

体からアプローチする「DNA呼吸」

「怒りから離れる」段階で、トイレに行くなどしても、どうしても感情の嵐が静まらないときもあると思います。そんなときは呼吸を使って、**体からアプローチする**という方法を併用してください。

感情コンピュータの使用言語の1つは、体からの刺激。体がリラックスすると、怒りの感情も少しだけゆるみます。呼吸は、手軽にできるリラックス法です。

ここでは、私が考案・指導している「DNA呼吸」を紹介します。

1、いすに座って（立ったままでも良い）、少し背筋を伸ばしたまま、まず少し息を吸った後、大きくため息をつきます（**「大丈夫（D）」**）

2、ため息をつき終わったら、そのままお腹をへこませながら、息を吐き続けます。そのとき背筋は伸びたまま、胸を前方斜め上につき上げる感じにしながら、できるだけ胸の力を抜くことを意識します。お腹は力を入れ、胸は脱力です**（「何とかなる〈N〉」）**

3、姿勢はそのまま。息の吐き終わりのタイミングで、お尻の穴をきゅっと1〜2秒ほど、締めます**（「明らかにしよう、よく見よう〈A〉」）**

4、一気に脱力し、反動で息を吸います

5、1に戻ります（1回で苦しくなった人は、ため息を数回ついて休んでから1にいきます）

以上の手順を、それぞれ「大丈夫（D）」「何とかなる（N）」「明らかにしよう、よく見よう（A）」という心のつぶやきをセットにして、呼吸を行います。頭文字をとって「DNA呼吸」です。ちなみに科学的なDNAとはまったく関係ありません（笑）。完全にできなくても「だいたいそんな感じ」でやればOKです。まずは5セット、試してみてください。

これは、**わざと手順を複雑にした呼吸なので、自分の意識を、感情からそらしてくれる効果**があります。また、**副交感神経を刺激することにより、緊張を抑えてくれる**働きも期待できます。

「DNA呼吸」が合わないという人もいます。その場合は、普通の呼吸のまま、「呼吸を数える」という数息観という方法もあります。姿勢も自由、吸い方・吐き方も自由。ただ今の自然な呼吸を数えればいいだけ。息を吐くときにイーチ、ニーと、10まで数えてみてください。数セット繰り返すと、少し落ち着いてくると思います。

脳を活性化させる「お題目をつぶやく」

怒りに飲み込まれそうになったとき、ことわざを利用する、という方法もあります。**「短気は損気」「怒りは敵を作る」**など、自分が好きな格言やことわざを思い出し、それを**お題目として唱える**ようにする方法です。

格言を思い出す作業は、前頭葉を刺激します。怒りは前頭葉（理性）を一時的に停止させますが、それを復活させてくれる効果が期待できます。

また怒りは、想像の中にあなたを閉じ込め、相手の悪意、相手の攻撃イメージを増幅させてしまいます。ところがお題目をつぶやくときに声を発し、それを耳で聞くことで、狭い想像から離れて、現実の世界のほうに意識を戻すことができるのです。

お題目は、自分で作っても結構です。私は、図6の格言がお気に入りで使っています。何と読むかおわかりでしょうか。

「気は長く、心は丸く、腹立てず、口慎めば、命長かれ」と読みます。結構長いので、一

図6 お題目

気 心 腹 口 命

気は長く、心は丸く、腹立てず、口慎めば、命長かれ

つひとつを思い出しているうちに、イライラから距離を取れる気がします。

体を動かすのも有効

「ムカッとすることがあったら、とにかくマラソンをするようにしています。ランニングして、いったん落ち着くと、冷静に思考が回り始めるのです」と、教えてくれた人がいました。これは、その方にとって怒りから1回離れるために、とても良い方法なのだな……と感心しました。

その場を離れる口実になりますし、怒ったまま走ることも難しい。一定の時間をかけることで刺激から距離が取れます。また、走り終わると、体もリラックスして、体調・疲労の面からも効果がある。

ただこの事例から、「怒りにはマラソンがいい」などと、早合点しないでください。走り慣れているこの方にはちょうど良い距離を取るツールであっても、日ごろほとんど走っていない人が行うと、体調・疲労を悪化させるほうに働きかねません。走った直後はよくても、少しすると怒りがふつふつと強くなってくることもあるでしょう。

運動系による対処は、やりすぎると、逆に疲労を深めてしまうという欠点があるのです。やりすぎ注意ということをしっかり理解すれば、**運動系では、球技、ウォーキングやダンス、家事系では料理、掃除、洗濯**なども使いやすいツールになります。私にとっては、テニスの壁打ちが最高のツールです。壁はどんな球でも返してくれるので、運動が継続しやすい。ボールを追っていると、嫌なことを忘れられます。一人でやれるので、疲れそうならすぐやめられるし、うまくできると自信を感じます。感ケア5上も、(私にとっては)良いところだらけです。

補足すると、運動系の中でも、**「お皿を割る」「サンドバッグを叩く」といった破壊系の行動はあまりお勧めしません。**

世の中には「怒りのコントロール術」として、こうした方法を紹介しているものもあるようですが、この手の行動は一時的な快感が伴います。怒りがあると何かを壊したくなるのが癖になってしまう人もいるのです。モノを壊す、叩く、大きな音を出すというのは威嚇行動の一種であり、近くにいる人の心を傷つけるだけの威力があります。

また、勢いで大切なものを壊して、後悔することも多いし、弁償などで、お金がかかることもあります。ですから、壊す対処はできるだけ癖にしたくないのです。

この意味では、**格闘技系の運動、リスクがある乗り物の運動なども、怒りのケアのために使うのは、あまりお勧めしません。**つい力が入りすぎて、こぶしや足を痛めた方を何人も知っています。

❷ 疲労のケア（体調管理、蓄積疲労のケア）

日ごろから蓄積疲労を溜めず、体調を整えておくことは、怒りの予防に対して一番重要なことだと思います。疲労の2段階になるだけで、漠然としたイライラしやすい状態が続いてしまうことを思い出してください。

さて、そうはいっても、今はもう、イライラする出来事（イライラ事象）と遭遇してしまったという状態です。今さら、日ごろのことを言っても仕方ありません。

それでも、怒りのケアの2番目に、疲労のケアが来るのです。

受け身をとって、対象から離れたら、次に何をするか。

イライラ事象は、あなたが気づかないうちに、あなたのエネルギーをかなり奪っているのです。緊張で痛みや疲労に麻痺（まひ）がかかっているだけで、怒りによる消耗は想像以上に大きいのです。

以前ある組織で、怒る住民への対応練習を指導したことがあります。住民役は役者さんで、とても上手に怒りを表現するのですが、10分演技しただけで、その後1時間ほどは、椅子に座ってうつろな目をしていました。

イライラ事象があった日は、「疲れている」と自分に言い聞かせてください。嫌なことを忘れようと、楽しいストレス解消法をやる手もあるのですが、もしあなたが、疲労の2段階にある場合、そのストレス解消法をやること自体で、疲労を深めることになってしまう場合があるのです。気分は変えられても、疲労が深まっていますから、夜寝るときには、また今日の怒りがふつふつと思い出されてしまいます。

では、どうすればいいのか。

それは、とにかく休むことです。逆に言うと、**エネルギーを使う作業を避ける**こと。

具体的には、**こまめに小休憩をとる、昼寝をする、仕事を先延ばしにする、家事をサボる、人と会うのをキャンセルする、いつもより早く眠る**などの対処をしてください。

人と会って酒を交えながら、愚痴を言いたいのは自然な流れですが、楽しいストレス解消法と同様、人と会うこと、お酒を飲むことは、実は案外エネルギーを使う作業なのです。

また、アルコールは、反応速度を鈍くし、瞬発力のあるイライラの発動を我慢の力で押さえられなくなってしまいがちです。お酒が入ると怒る人は本当に多いのです。また、そうでなくても、お酒で睡眠の質が阻害され、疲労の回復が遅れます。**友人と愚痴を言い合うのは、イライラ事象のすぐ後ではなく、一晩寝てからにする**と良いでしょう。

敵との距離が取れ、その後も疲労することがなければ、警備隊長も少し興奮が収まります。そうすることで翌日には、エネルギーが戻り、案外、**「それほどこだわることではないか。ま、いっか」と相手や自分を許せてしまうことも多い**ものです。

❸警備隊長（感情）のケア

怒りが発生したら、「①刺激から離れる」。まずは我慢して堪（こら）えた後、とりあえず「謝る」などして、ただちにその場を「離れます」。そして「②疲労のケア」で休む。できるだけ体力の消耗を避けます。こうして感情がある程度収まり、「嵐は去った」と感じたならば、次の段階（③）に進みましょう。

ここからは、現場で我慢した怒りの感情、つまり**警備隊長をケアする段階**です。

警備隊長のやりたいことを、きちんとやらせてあげるプロセスと言い換えてもいいでしょう。多くの場合、イライラ事象の数時間後、あるいはその日の夜などのタイミングがいいでしょう。

イライラ事象に遭遇したら、理性は、相手と今後どうつき合っていくのかを現実的に、様々な視点から考察したくなります。一方で、感情、つまり警備隊長は、違うことで頭がいっぱいです。

それは、今回の敵（相手）がもう一度同じ攻撃をしてくるはず、それにどう対処するかを考えたいのです。警備隊長には、今が大切。まずは今日・明日の敵の再攻撃への備えをしたい。つまり原始人的に当面の応急防御プランを立てたいのです。

事態がそれほど重大ではないとき、つまり感情が1段階にあるときは、「今後どうする」という現実的対応策だけで十分落ち着けます。ところが、自分では意識できなくても警備隊長が活動し始める2段階以上になっていると、どうしても現実対処の思考がうまく回らなくなります。いったん、「よし、こうすればいい」とある程度納得しても、また、相手のことをあれこれ考えてしまう状態からなかなか抜けられないことが多いのです。

この場合は、まず、警備隊長に落ち着いてもらわなければなりません。それがこの「③警備隊長（感情）のケア」という段階です。

少し、けがの比喩で考えてみましょう。あなたが大切なイベントの最中、人前で転んでしまったとしてください。どこそこは痛いし、擦りむいて血も出ている。でも、大人として「大丈夫です」とニコニコその場を取り繕い、その後は傷口を見ないようにして忘れ、できるだけ動かないようにして、なんとかそのイベントを終えました。ここまでは、「離れる」そして「休む」のステップに当たる対応です。

さて、イベントが終わったら、傷口を確認して、応急手当てをしなければなりません。もしかしたら、他人は「これぐらい大したことない」などと言うかもしれませんが、でも、まずは、「これはひどいね、痛かったね。そのときどうなったの、どう我慢したの、今はどうなの。他は痛くないの？」と本人のつらさと頑張りを、きちんと認めてくれる人がいたらとてもうれしいですよね。優しい人がいなければ、自分で自分の声を聴きます。

ひとしきり痛いという思いを聞いてもらったら（自分で確認したら）、今度は、泥がついているかもしれないので、傷口を洗い、絆創膏（ばんそうこう）を貼ります。痛いですが、今歩くために必要な処置です。

このときも他人なら、そんなにおおごとなら、対策を打つべき。どうして転んだのか、体力が落ちているから、現場の安全環境がなっていないから、本人がもっと注意するべき……などと根本的視野からの問題解決を論じようとするかもしれませんが、当人的には、まず当面の傷の応急手当てが重要です。

怒りの対処でも同じことをします。

心の傷を負ったら、まずは、警備隊長の危機感と頑張りをきちんと聞いてあげます。

何が怖かったか、つらかったか、いかに相手が邪悪かなどの声を、否定せず、「そうだよね。そうだよね」と一つひとつきちんと受け止めるのです。これは、傷口を確認する作業に当たります。

次の消毒し、絆創膏を貼る作業は、今日のイライラ事象に関し、相手についての情報を収集するとともに、警備隊長がとりあえず安心できるような「対処のシミュレーションをする」作業になります。警備隊長は、今回のイライラ事象で、「宿主であるあなたを殺すかもしれない敵」を認識したのです。何とも原始人的発想ですが、警備隊長は真剣です。

警備隊長が当面落ち着くには、もう一度敵の今日の行動や日ごろの行動を振り返り、情報を整理し、敵の本当の狙いや、今後の攻撃方法をきちんと考察し、最低限の対応策を考え、準備することです。大切な部分なので、少しくどい表現になるかもしれませんが、細かく説明しましょう。

(1) 警備隊長の声を聴く

まず、怒りの相手がその場にいない、など、心理的に安心できる場所を確保します。そして呼吸法などをしてリラックスしながら、今日のイライラ事象を、あえて思い出します。「あいつはひどい奴(やつ)だ!」などと、警備隊長の報告(言い分)をすべて、聞くようにしてください。

例えば、仕事の打ち合わせで上司に嫌みなひとことを言われて、ブチッとキレて言い返してしまった、としましょう。その場では謝り、受け身は取りました。その後はおだやかに過ごし、うちに帰って、一人で振り返っているところです。

「なんて嫌みな奴!」「みんなのいる前で、しかも笑いものにするなんてサイテーだ」「前夜から考えて、提案した意見だったのに」など、警備隊長の言い分や感じていることをすべて、聞くようにします。この時点では決して反論せず、一つひとつに、「そうだよね」と心の中で同意しながら、すべての意見や不満を聞くように努力します。

一通り聞けたら、次は、相手がどうしてそんなことをしたのか、次にどんなことをしそうかを、きちんと想像します。

(2) 敵の悪意や攻撃をきちんと推察する

敵の悪意や攻撃をきちんと推察するのは、戦いではとても需要なことなのです。「俺のことをおとしめようとしている?」「俺のことがうらやましいからか?」「俺が前に上司のことをちゃかしたからか、あれを恨んでる?」などと、理由を想像し、それならば次はどうしてくる……と考察してみます。「もう一度絡んでくる?」「社長に俺の悪口を言う?」「次の現場で俺に恥をかかせる?」。ドラマのように考察してみてください。

このとき、理性でこの考察をストップさせない（理性的思考をいったん保留する）ことがコツです。

例えば、理性が参加してきて、「上司はそんな人じゃないよ」「そんなことをしても上司の得にはならないし」とか、「そんなに邪悪なことを考えなくてもいいんじゃないか」「もっと大人として寛大に受け止めれば」「終わったことだし、もう忘れれば……」などと警備隊長の思考を止めようとします。

確かに、本当にそう思えれば、怒りも収まるでしょう。でも、警備隊長はまだ、そう思えないのです。警備隊長は、政治家や民衆が和平を唱えていても、万が一に襲ってくる敵に備える役割なのです。きちんと当面の防衛計画ができないとどうしても落ち着かない。

ですからここは、努力して、警備隊長の思い過ごし的な想像につき合ってあげてください。

(3) 相手にきちんと対応するシミュレーション

敵の意図や攻撃を想像したら（しっつ）、それらの攻撃にどう対応していくかを考えます。その際、**その対応の流れを具体的に映像としてイメージ**します。

まず、今回の出来事を思い出し、そのときどう対応すればよかったか、あるいは、同じことが起こったとき、どう対処するかを考えます。おそらく、考えようとしなくても、すでに考えているので、それを止めず、最後まで進めればいいのです。

感情の使用言語は、イメージです。できれば、**敵を撃退するところまでイメージでシミュレーション**を続けてください。「これは邪悪な思考だ、自分は相手を痛めつけるひどい人間だ」などと自制せずに、相手を徹底的にやり込めてください。念のため重ねて言いますが、頭のイメージの中で、です。「感情のケアと現実問題対処は別」です。そこまできちんとシミュレーションしてはじめて、警備隊長が落ち着けるのです。

先ほどの上司に嫌みを言われた事例では、その場で上司を言葉の限りに罵る、お茶をブチまけ会議室を出て行く。退社届を置いて、いきなり荷物をまとめて出て行く。すっかり慌てた上司が泣きながら追いかけてきて、あなたに平身低頭して謝る、などです。**映画でも作るつもりで、怒りを思い切り吐きだすシーンをできるだけ具体的にイメージするのです。**

シミュレーションの中で、敵も反撃してくるでしょう。それに対してもこちらがきちんと応戦していきます。とにかく、勝てないまでも、**少なくとも負けないところまで想像しましょう。**

一方で、あまりにもひどく相手を痛めつけるイメージより、「上手にいなす、かわす、

win-winに持ってくる」などの結末が好きな人もいます。自分に合う解決イメージで結構です。

いずれにしても、**ポイントは中途半端に終わらせないこと。**これは「良い対応策が出るまで」という意味ではありません。考えられるだけ考えさせる、ということです。

警備隊長は、それこそ命がけで準備したい。敵を完全に倒すような作戦やイメージはできないかもしれません。しかし、少なくともその作業をさせてあげる、それが大切です。その状態で何もない時間が経過すれば、警備隊長の警戒は少しずつゆるんでいきます。

また、シミュレーションをしているときは、怒りが一時的に3段階に進むので、暴発しやすい状態でもあります。実際に行動（相手を挑発する行動、SNSやメールを出すなど）に移さないためにも、**必ず相手がいない環境で、できるだけ体をゆるめて、シミュレーションをする**ように注意しましょう。

もし、行動をしたくなったら、まずは大きく深呼吸し、肩の力を抜きます。98ページに紹介したDNA呼吸をして怒りの思考から、体のほうに視点を向けます。そして少し落ち着いたら、「今は現実行動を吟味しているのではなく、感情をケアしている。現実行動は、後できちんと考えよう」と、行動したい衝動を保留します。

対応シミュレーションをするときの注意事項

前項でも指摘しましたが、警備隊長がシミュレーションする作業を、どうしても理性が止めてしまい、中途半端に終わることが多いのです。中途半端だと、警備隊長の大声が収まらず、次のプロセス、現実的な問題解決を考えるときも、冷静に思考が回らず、結局自分が落ち着けるような案が浮かばない。そうなると、また、警備隊長が未完のシミュレーションをしたくなるため、理性の言う「邪悪妄想」がまた始まってしまいます。

忘れたいのにいつまでも出てくる邪悪で情けない思考は、警備隊長のシミュレーションを理性がきちんとさせてあげないから起きるのです。

こうなりやすいのは、理性が、警備隊長の暴走を恐れるからです。通常、理性は、次の3つの視点で、警備隊長の計画を中断させようとします。

○確率は小さい

理性は、警備隊長が恐れる事態を「そんなことありえない」と否定します。あったとしても、確率は小さい。無視していい。それよりもっと確率の高い現実的な予測への対策を詰めればいい、と言うでしょう。

でも、「もし、あったらどうする」と考える係が警備隊長なのです。不安という感情も、万が一の危険を避けるために、小さい確率でも大きく感じさせます。例えば、コロナに罹って死ぬ確率は、数字的にはかなり小さいですが、私たちのイメージでは、その危険が非常に間近に感じられます。不安はつらいですが、だからこそ、コロナを避ける行動がとれるのです。同じように、怒りも小さい確率の危険に対し、完全に備えたいのです。

○完全な対策なんて思いつかない

考えても、いい案が思いつかない、無駄だからやめてしまおうという理性の声。確かに敵の攻撃にすべて対応できる完全な作戦を作ればいいのですが、現実的には難しい。だからと言って「考えない」というのは、まったくリスクに備えないことになる。ですから、**考えることが重要**なのです。考え続けているうちに、時間が経って脅威が収まってくる。それでいいのです。

○思い出すのが苦しい、行動してしまいそう

思い出すと3段階になって苦しい。だから止めたい。しかも、3段階で敵の悪意を考えていればいるほど不安になり、行動に移したくなる。せっかく我慢して外的エスカレーシ

ョンを避けたのに、ダメにしてしまう、という理性の危惧です。

実際に、思い返しをして、それで感情的なメールを出してしまいトラブルを大きくしたという事例もあります。

だからこそ、それができにくい安全な環境で行うことが大切です。また、衝動が大きくなったら、呼吸したり、体を動かしたり、イメージを使って2段階に落とす作業を練習しておく必要があります。そして少し冷静になったら、**「感情のケアと現実問題対処は別」**ということを思い出しましょう。

（4）敵への監視体制を整える

対応シミュレーション作業と同時（同じぐらいの時期）に進むのが、**敵の監視**です。

戦場においても、敵から目を離すことが一番危険なことなのです。敵がどこにいて、何をしようとしているのか、**「KEEP CONTACT（敵と接触し、目を離すな）」**は、私が自衛隊幹部時代に、実戦豊富な米軍の将校から何度も聞かされた言葉です。

嫌なことがあったとき、相手のことが頭から離れないだけでなく、相手に関する情報を第三者やネットから集めたくなるのは、実は自然な行為なのです。

もし、翌日でも遭遇することがあれば、嫌な人ですから、できるだけ距離は取りたいも

の の、目の端々でずっと監視してしまうのも原始人的には正しい反応なのです。

きちんと監視できていれば、敵の情報を当面の防御プランに反映できます。

また、この監視を続けているからこそ、「しばらく注目しているが、どうも敵は攻撃してこなさそう」ということがわかり、怒りが2段階から1段階へ収まっていくのです。これが怒りが収まる適正プロセスです。

ところが、「忘れる対処」（我慢して、なかったことにする、あえて無視する）をしていると、この情報収集をしないことになってしまいます。たとえある程度の時間が経っても、「もしかしたら、敵は着々と悪意を増幅し、攻撃準備を整えているだけかもしれない。なのに自分はそれを確認していない」と、心の奥底の警戒心を解けない状態が続きます。

（5）周囲に愚痴をこぼし、味方を作る

これまでの作業を進めながら、警備隊長が落ち着くために行うべき、もう1つの重要な作業があります。それが**「味方工作」**です。

平たく言うと、**相手の悪口や愚痴を他者に言う**こと。

世の中には、「人の悪口を言ってはならない」「愚痴をこぼしてはならない」といった価値観もあります。確かに、悪口は耳にするのも嫌だし、愚痴ばかり言っている自分にも幻

滅する部分があります。また、悪口が回りまわって相手に伝わり、外的エスカレーションが生じる場合もある。だから、「悪口は言わない」という戒めがあるのです。

ただ、これは、人が作った倫理の規範。その証拠に、多くの人が何か不当な扱いを受けたとき、周囲に「こんな扱いをされた」と訴え、ときには怒りの声を上げ、クレームをつけます。そちらのほうが自然だからです。

また、原始人で考えてみましょう。

原始人の戦いは、命の取り合い。武器が発達していない時代は、人間の数が勝敗を左右します。今後、大きな戦いに発展しそうだというとき、味方をたくさん作らなければ、警備隊長は安心できないのです。

味方を作るには、「自分はいかに不当に攻撃されたか」「相手はいかに邪悪か」「今後どんなひどいことをしてきそうなのか」などを話し、同情を得ます。同時に良いアドバイスや情報を得るのです。

だから、**「この無念さ、くやしさ、痛さをわかってほしい」と思い、多くの人に訴えることは、決して恥ずかしいことではないのです。**ほかの人にことの顛末(てんまつ)を聞いてもらったり、愚痴を聞いてもらったりする行為は、無意味ではなく、心にとって大変効果のあることなのです。

本当に味方になってくれる人が現れると、警備隊長の心は、スーッと落ち着けるのです。**心の武装解除**が進むでしょう。**「仕事帰りの一杯」**は、昭和のサラリーマン的だと揶揄（やゆ）されることもあるようですが、それなりの必要性と効果があったのです。

補足ですが、**愚痴を言う相手は、信頼できる、口が堅い人を選びましょう。**

原始人の戦闘的に見ても、愚痴は逆に言うと「弱み」情報でもあります。愚痴を言う相手を間違えると、こちらの弱みを敵に伝えられ、一気に戦況が悪くなります。あなたの周りには、敵に通じるスパイがいるかもしれません。愚痴や悪口は控えろ、という処世術は、このあたりからもきています。

日ごろから、愚痴を言い合える信頼できる人間関係を築いておきたいものです。ただ、それが難しいのも現代の特徴。その場合は、プロのカウンセラーを活用することも考えてください。カウンセリングスキルは優劣が大きくても、「秘密を他言しない」ということは、ほとんどのカウンセラーが守ってくれるはずです。

④ 現実的対応を考える（感情と理性の共同作業として）

これまでの作業が進めば、警備隊長も少し座って、次を考える余裕が生まれます。感情の3段階でいえば、2段階から1段階に落ちようとする状態です。

これまでの対応シミュレーションの作業は、感情をケアするという観点が大きかった。だから、あまり現実味がない、映画のようなイメージでよかったのです。一方、現実にどう対処するかも当然、重要です。

この段階になって初めて、**「理性」のコンピュータが活性化し、より論理的に、この出来事を考えられるようになるので、現実的対処を考えます。**

具体的には「敵はどうしてくる？　その確率は？　その意図は？　次回同じ場面に遭遇したらどうするか？」などのテーマを考えます。

現実的行動を決めるとはいえ、この作戦会議は、理性だけで進めるのではありません。感情側の発言にも配慮しつつ、つまり対応シミュレーションで考えたことも参考に、むしろそちらを起点により現実的、長期的な対応を考えるのです。このとき、警備隊長と理性が同じぐらいの発言力を持っているとイメージしてください。

国会に例えると、今の状態は、理性が過半数を占めている状態です。この状態でも与党だけで強行採決しないほうがいい。できるけれども、のちのち破綻が来るからです。野党、つまり感情の意見も取り入れた折衷案を持つと、「これならやれそう」と、一致して動ける感覚が持てます。これが、自信のもとになるのです。

その具体的な思考は、上司に嫌みを言われた事例でいえば、例えば、

「本当は、上司のできていないところをみんなの前で公表し、ねじ伏せてやりたい。本当にそう。だけど、そうするとその後仕事しづらくなる。みんなの前ではなく、一人呼んで、言ってやろうか。メールで伝えてみようか。メールだと、証拠にされて逆に不利になるかも……。待てよ、Kが上司のことを、配慮ができないやつだ、とか言っていたな。もしかしたら、単に配慮がないだけで、俺を攻撃する意図はなかったのかもしれない。とりあえずKに上司のことを少し聞いてみようか。その間、もう少し上司の動きを観察してみよう。もし、もう一度あんな言い方をしたら、当面こう言い返すか……」などです。

この場合、言語だけで思考を進めてもいいのですが、警備隊長にも安心してもらうためには、イメージ、つまり**映像でも、このストーリーを描くことがポイントになります。**

対応シミュレーションのときと同様、ここでも、今回の出来事をベースに、対処方法を準備します。

「これからの対策を考えるのだから、終わったことの対処をさかのぼって考えても、意味がない」と思うかもしれませんが、一度生じた戦いは、同じように次もあるかもしれないのです。きちんと対策を立て戦訓（教訓）を学ばなければなりません。

また、この作業は敵の研究の意味もあります。一流のスポーツ選手でも、過去に自分が負けた戦いを何度もＶＴＲで見て、改善点を見出し、同じ相手との再戦への準備をするものです。ですから、警備隊長の対応シミュレーションでもこの現実的対応の考察でも、まず、今回のイライラ事象をベースにいろいろ考えてみるのは自然なことなのです。

過去を振り返りつつ、次の対処も考えます。こう動けば、相手はこう反応する。それに対し周囲はこう動く……などと、相手だけでなく周囲や環境の変化も織り込んで、長期的な利得となるように、現実の行動を選択していきます。

現実問題対処の作業は、夜寝る前に試みてもいいですし、ふと怒りがよみがえったタイミングで、その都度、パッとやるのも良いでしょう。頭の中ではなく、ノートや紙に書き出すという人もいます。他者に相談しながらやるとより冷静かつ、幅広い思考になりやすいでしょう。自分に合った方法で、試してみてください。

また、**現実的対処といっても、必ずしもそれを実行しなくてもいいのです。**

感情の使用言語であるイメージを使ってきちんと計画できることで、警備隊長も最終的に落ち着きます。また、理性も、次のトラブルやもっと状況が悪化したときに動ける準備ができたことで、落ち着けるのです。

感情と理性の双方が落ち着けば、今回のことは、「過去のこと」として、通常の記憶のプロセスに収めることができる。つまり、忘却が始まるのです。

検討した対応策を、実際に発動するかどうかは、相手の出方、周囲の変化、自分に動けるエネルギーや気力があるか、動くべきタイミングかなどによります。計画を立てたから実行しなければならないというものではない。計画を立てる、あるいはその作業を進めている、ということ自体で、大きな目的は達成されているのです。

幅広い現実対応を導き出す「モデルの力」

現実対応のイメージがきちんとできると、理性も警備隊長もぐっと落ち着きます。ただ、実際にはなかなか妙案が浮かばないもの。

一人で考えていると、理性が働き始めたとはいえ、まだ感情による思考への影響も残っているので、なかなか幅広い視野での解決策が浮かびにくいものです。本当は、味方工作で頼った人と一緒に、具体的対応まで考えられればベストですが、一人で考えなければならない場面もあるでしょう。そんなときに**上手に思考を回すための「モデルの力」というツール**があります。

今回の出来事を他の人ならどう対応する（した）だろうかと考えてみるのです。

例えば、あの先輩なら、あのアニメキャラなら、大阪府知事なら……。私は、よくオバマ元大統領と、防大時代の1つ上の先輩に登場してもらいます。自分を主人公として考えているととても思いつかないような対応を、ほかの人を主人公にすると想像しやすくなるのです。

このモデルの力は、対応シミュレーションのときにも使えますし、後で紹介する⑤記憶のケアにも使えます。記憶のケアに使う場合は、上手に対応しているイメージを、動画の解像度を高める感じで、できるだけ鮮明に、音や匂い、雰囲気まで再現するぐらいのつもりで描くことがポイントです。一度ではコツがつかめないかもしれませんが、試しに何度かやってみてください。

どういう状態で思い出すか（触れ方）が大切

警備隊長のケアと現実問題対処の作業。これが上手にできるか。できなくても、その思考を自然に進められるかどうかが、怒りケアの重要な要素になります。

そのとき、ちょっとしたコツが必要なのが、嫌な記憶の思い出し方です。感ケアでは「触れ方」と呼んでいます。

2段階に収まった怒りの記憶に触れようとすると、それは瞬時に3段階に上がります。3段階は、敵の悪意検索をする脳の態勢です。傍(はた)から見たら被害妄想的と言えるぐらい偏った視点で、相手の悪意や今後の行動を想像するのです。この状態で想像した敵は、本当に邪悪な敵でしょう。このとき、同時に嫌な気分と体感が襲ってきます。

また「すぐ対処しないと大変なことになる」という不安や焦りもオンになるので、大変衝動的になってしまい、電話、SNSへの書き込み、メールを出すなど外的エスカレーションの危険も高まります。

通常、3段階の苦しさと、感情に乗っ取られる不安から、「忘れる対処」をしがちですが、それだと、2段階での観察ができなくなり、怒りがくすぶるという流れは前にも説明しました。

上手な触れ方とは、①3段階にとどまって考えるのではなく、2段階以下に下げて考える。②忘れる対処を使わない、ということです。

2段階になると、攻撃衝動が収まり、3段階で鮮明にイメージした邪悪なシミュレーション（敵の意図、攻撃手段）を、少し現実的にも考えられるようになります。

この2段階に下げようとするとき、忘れる対処以外の方法を使います。忘れる対処は、現実のトラブルに対する「受け身」のスキルとしては非常に有効ですが、これを自分の内面の検討段階で使うと、プロセスが進まないのです。

いかに2段階以下に持っていけるかは、出来事からの時間経過、落ち着ける環境、体のリラックス度、誰かの支援がある（誰かに話しながら触れる）などの要素で変わります。

忘れる、言い聞かせる、我慢する以外の対処法としては、歩きながら考える、音楽を聴きながら考える、お風呂で考える、アルコールを楽しみながら考える、書きながら考える、おいしいものを食べてから考える、頼りになるあの人と考える、猫と話しながら考える……、自分なりの方法を試してください。

そのことだけを考えると、どうしても集中して3段階に上がってしまいます。そこで、**何かをやりながら少し思い出してみる**……というのが1つのコツになります。

感ケアの講座で、皆さんに紹介しているのが、98ページで紹介した**DNA呼吸を使う方****法**です。まずDNA呼吸を2分ほどして、体のリラックス感に意識を向ける。半分は、そのリラックスした体感の意識を保ちながら、もう半分の意識で、イライラ事象を考えてみるという触れ方です。2つを同時に感じるのが難しい方は、交互でも結構です。

触れていて、いつのまにか相手の邪悪な部分や予想攻撃の検索に終始している、つまり警備隊長のシミュレーションに戻っていると気がついたら、それは3段階に上がってしまっている、ということです。

まだ、警備隊長が十分に落ち着いていないと判断し、警備隊長の対応シミュレーションにつき合ってください。とはいえ、明日その人と会うので、何らかの現実的対処も考えておきたい、などという場合は、3段階の思考をいったん切るために、また呼吸に戻ります。

そして少し落ち着いたら、今度はもう少し丁寧に、体のリラックス感を、先ほどよりもっと意識しながら、記憶に触れていきます。

よく脂肪燃焼のためには、心拍数を上げすぎない有酸素運動が有効だと言われています。心拍数が上がりすぎると糖質が使われ疲れるだけ。心拍数が低い状態で運動をすると、脂肪が燃焼されやすく、また痩せやすくなります。だからある意味、ブレーキをかけながら、運動しなければなりません。

「3段階に上がらず2段階にとどまって考える」というのは、これと似ている感じです。

この触れるという作業は、冷静な思考からの現実問題対策を考えるためのスキルでもありますが、現実問題は本当に複雑で、完全な対策は簡単には見つからないものです。それでも、この触れる作業は、何度かやっていると、**これまで怖くて触れなかった記憶に対し「慣れ」を生じさせてくれます。**

忘れる対処をしていると、記憶（＝出来事）に対し、3段階の「とても危険な出来事」認定がされているのですが、**何度か触れるたび、「それほど怖くない出来事」に変わっていく**のです。ですから、妙案を思いつかなくても、「何とかなりそう」という感覚に変わることが多いのです。

ただし、いろいろ工夫して触れようとして、どうしてもすぐに3段階の怒りに戻ってしまうようなら、まだ触れる条件が整っていないと考えてください。そこで頑張って考えても、建設的アイデアは生まれません。逆に疲労を深めるだけでなく、「邪悪な敵」の印象を強め、防衛記憶（恨み）を育てるだけです。中断し、少なくとも時間をおいて、自分の体調を整える、信頼できる人と会うなどの感ケア5の条件を整えてから触れ直してください。

❺ 記憶のケア（恨みにしないために、しっかりと整理する）

怒りは忘れる対処などで、適切なプロセスが踏めないでいると、いつまでもくすぶるだけでなく、思い返しの度に、相手の嫌な記憶が大きくなってしまいます。**「防衛記憶」**です。危険から守ってくれるための記憶なので、防衛記憶と呼んでいますが、**実態は、根深い「恨み」**のようなものです。

先日、とある団体の総務部につとめる方から、10年越しの「防衛記憶（恨み）」の話を聞きました。

その方の職場には、トラブルが発生して、お互いに口をきかない二人がいるそうです。二人の間に諍い（いさか）が起こったのはすでに10年前。どんなトラブルだったのか、周囲は詳しくは知りません。もしかしたら、当の本人たちも、ことの発端を忘れているかもしれないそうです。しかし、お互いあいさつもせず、一切口もきかず、存在を無視し合う。10年を超える消耗戦に入っているそうです。

「担当業務も机も常に離す必要があるから、周囲としても気を遣うんですよ。下園先生、二人を仲直りさせることはできるんでしょうか」

と、その方から聞かれました。私の答えは、

「仲直りはできません。真の解決方法としては、どちらかが職場を辞めるしかないと思います」

この二人は、怒りの感情を大きな「防衛記憶（恨み）」に育ててしまいました。一度育ってしまった防衛記憶は、消えることはないのです。同じ職場にいる限り、永遠に、お互いを見張り続けてしまうでしょう。席を離したぐらいでは十分でなく、決定的に二人は「離れる」しかないのです。

この二人のような消耗戦で人生をムダにしないためにも、「防衛記憶（恨み）」は、大きくしないことが重要です。

内的エスカレーションを避けるには

この防衛記憶は、理論上は、外的・内的2つのエスカレーションで、大きくなっていきます。外的エスカレーションが生じると、敵との交戦も増え、敵のことを覚えるのは、自

然な流れです。敵の攻撃が激しいときはなおさらです。

外的エスカレーションを避けるためには、以前も触れましたが、**処世術として、当初の自分の攻撃衝動を我慢するとか、さっさと謝ってしまう、などの受け身が重要**です。

もし受け身を取り損ない、嫌な雰囲気になってしまったときでも、①から④までのプロセスを進めたうえで、早めに相手に頭を下げたり、いわゆる下手(したて)に出ながら交流を復活させるほうが良いでしょう。一度不穏な関係のまま、**「国交断絶」が固定**してしまうと、内的エスカレーションが始まりやすいからです。

実は、私に寄せられる相談の中でも、防衛記憶に悩む人の8割は、内的エスカレーションによって防衛記憶を大きくしてしまった人なのです。先の事例の二人も、現実的にはほとんど交流がないといいます。しかし、お互いの心の中で、時間とともに、相手のことをどんどん邪悪な敵として育てていったのです。

では、その内的エスカレーションを避けるにはどうしたらいいのでしょう。実はそのことも考慮して、今紹介している6つのプロセス(手順)が組まれています。まず外的エスカレーションを予防するために刺激から離れる。次いで疲労をケアする。そして2段階に落ち着いたら、感情に触れる。

先にも紹介しましたが、触れる作業を中途半端にしてしまうと、怒りが2段階から下がりません。少しのことで思い出し、すぐ3段階に上がっては、相手の邪悪なイメージだけを反復学習して、防衛記憶が育っていきます。これを避けるのが、触れる作業。警備隊長（感情）の言い分を聞いて応急防御計画を作り、監視体制を整え、冷静に現実的対応まで考える。これである程度、防衛記憶の増幅を押さえることができます。

ただ、怒りは手強（ごわ）い。というより、命がけのシステムなので、どうしても敵のことをかなり強く記憶したがります。

そこで、プロセスを踏んで1段階になり、理性が80％支配する脳の状態になったとき、今回の出来事に対して、2つの加工を試みます。

1つが、対処イメージの鮮明化。もう1つが、出来事の総括、物語化です。

1つ目の**対処イメージの鮮明化**は、「対応シミュレーション」と「現実的対応」のどちらでもいいのですが、今回の出来事に「自分はきちんと対処できた（できる）」と、警備隊長に再度、しっかり伝えておきたいのです。警備隊長、つまり感情に落ち着いてもらうには、論理よりイメージ。これまで何度か強調してきたように、「対応シミュレーション」では原始人的な対応（相手をやり込めるか、いなすか）」を、「現実的対応では、現代人的対応のシミュレーション」を、最後まで、つまり落ち着くところまで、できるだけ鮮明に描きます。このことで、「今回の出来事は記憶しなくてもいいレベルの出来事だ」と警備隊長が納得します。「モデルの力」も上手に活用してください。

もう1つは、**出来事の総括、物語化、**これは理性へのケアです。理性は論理で落ち着きます。

理性が優勢になった脳の状態で、今一度、今回の出来事を「総括」してみるのです。というのも、3段階や2段階で前提としてきた「敵は邪悪だ」という「答え」は、第1段階になった今の脳でも、そのまま残っているからです。再評価しないと、新たな解は出てきません。

また、自分についても、これまでの理性のとらえ方では、どうしても「イライラ事象に上手に対応できなかったダメな自分」「衝動を制御できなかった自分」「守ってもらえなかった自分」という、自信を失う文脈で考えていることが多いのです。

一方、感情は1段階になると「もう危険は少なくなった、過去のこと」と認識し始め、よく分析しなければ……という情熱も薄れてくるので、これらの認識がそのまま今回の出来事の総括的記憶（物語）となってしまいがちです。

それを避けるため、理性が働く環境、状態で、これまで固定されていた相手や自分に対する思いを、**意識的に視点やイメージを操作しながら振り返り、出来事を再解釈していきます。**

そもそもの原因はなんだったのか。何が自分にとってつらかったのか。この出来事にはどんな意味があったのか。学んだことは何なのか。**これらの分析をすることにより、ネガティブにとらえてきた「怒り」の出来事にも、新しい意味、新しい物語が生まれてきやすくなります。**

怒りを自分なりに整理して記憶の棚に収めれば、恨みに変異することを予防できます。**つらい体験でも、糧になったと振り返れますし、**また、「自分はできる範囲で、怒りに対処したのだ」「自分には味方がいる」などという**「自信」も生まれます。**

分析を進めやすくするための具体的なスキルをいくつか紹介します。

怒りの思考を強制的に分解できる「7つの視点」

怒りによる偏った視点や思考をより柔軟で現実的な思考にするために使えるのが、「7つの視点」というツールです。

感情の3段階、まず受け身をとる段階では、使いにくいのですが、2段階になり「応急防御計画」などを作る段階でも使えますし、その後、1段階での「イライラ事象の振り返り」をする段階でも使えます。

3段階では、警備隊長が、かなり偏った思考をしていて、そのイメージを現実だと思い込んでいます。いわゆる感情の色眼鏡がかかっている状態です。2段階、1段階と落ち着いてくるに従い、色眼鏡は薄くなるのですが、3段階でインプットされたイメージは残ったままのことが多い。それをきちんと再検討すれば、今回のイライラ事象を別の視点、別の体験としてとらえなおすことができ、過去の記憶として忘却のプロセスに乗せることもできます。

感情の色眼鏡は、相手や周囲に対し「自分を攻撃する」という被害妄想的な視点で見ています。このとき、自分がどうだったかという視点はありません。また、「この出来事はとんでもなく危険だ」と、その出来事をとても重大なことだと思わせます。また、さらに、「すぐに対処しないと大変なことになる」と時間の観点からも、とても切迫している感じを持たせます。

これらの視点で脚色されたイメージは、きちんと振り返るまでは、「事実」として認識されているので、冷静な頭が戻った1段階で、あえて逆からの視点で見てみるのです。

「7つの視点」とは、

①自分目線
②相手目線

③第三者目線
④宇宙目線
⑤時間目線
⑥感謝目線
⑦ユーモア目線

のことです。

怒りの出来事を、この7つの視点で、強制的に考えてみます。

自分目線では、「自分は何に怒っているか、何に傷ついたのか、何がきっかけで怒ったのか、自分は今後どうしたいのか」などを考えます。

このときのコツは、まず、自分の気持ち（言い分）をしっかり言語化すること。中途半端に止めず、どうして自分は怒っているのかをきちんと言葉にします。怒りとは原始人的反応なので、「自分が正しい」「自分は攻撃された」という確信はあるのですが、それを明確に意識、つまり言語化できていない場合が多いのです。言葉にしてみることではじめて、自分が怒っている理由が、自分にも理解できるレベルに整理されることがあります。

また、怒りの視点は、相手のことばかりに向き、自分には非がないようにしか考えていませんが、怒りは結構、自分の都合で発動していることが多いのです。「実は疲れていることが要因だった」などはその代表例。お腹がすいているとき、不安なとき、焦っているとき、体調が悪いとき、体の一部が痛いときなど、自分都合でイライラが生じていることがあります。一度冷静に、感ケア5の視点で、自分をチェックしてみましょう。

また、怒りは目的を逸脱させます。相手に仕事をしてほしいのに、いつのまにか相手を屈服させることだけを考えています。仕事をしてほしいという目的を思い出すと、アプローチが変わります。

相手目線では、相手の気持ちを考えます。このとき、相手の行動を具体的に想像するのがコツです。相手はそれまで何をしていて、そのとき何の最中で、あれから何をしようとしていたのか。

次に、内面を想像します。相手は、何を伝えたかったのか、何を不安に思っていたのか……。冷静な理性からの分析をするためのツール（視点）ですが、あくまでも感情のケア（警備隊長のケア）が終わってから、あるいは警備隊長の声が小さいときに行うものです。

自分がまだ2段階以上のうちは、「なぜ、自分が相手のことを思いやらなければならないのか」などと、この視点で考えることに強い抵抗を感じます。その場合、この視点はパスして結構です。

第三者目線は、この状況が、冷静な第三者にはどう見えるのかを考えてみます。自分と相手の利害関係にばかり向いていた思考を、少し広げて客観的に見られるようになる視点です。

宇宙目線は、宇宙から見たら、このトラブルがどう映るかという視点。怒りの思考では「今回の出来事はとても重大なこと、絶対相手に負けてはいけない」などと考えています。しかし、宇宙からの視点で見ると、たいていのことは、ごくごく些細（ささい）なことに思えるはずです。

時間目線は、この状況を過去、現在、未来の時点から考えてみることです。「すぐに、対処しないと手遅れになる」という焦りを持っているのが、怒りのデフォルト。その時間軸を強制的に広げてみます。過去はどうだったか。1週間後、1カ月後、1年後にはどうなっているか、などを想像します。

感謝目線は、この出来事で、逆に感謝できるところはないかを探ります。怒りは「今回の出来事はとてつもない悲劇」と考えています。感謝視点で考えると、「事態はそれほどでもなく、もっとひどいケースさえあったはず」、あるいは、「自分には助けてくれる味方もいた」など、別の見方を思い出しやすくなります。

ユーモア目線は、この出来事をユーモアやギャグのネタにできないか、考えてみます。

ユーモア目線で考えていると、怒りの「重大かつ被害的な出来事」というイメージがいつのまにかゆるんできます。

このように多角的な視点で考えてみるのです。

特に、感謝目線とユーモア目線は、そんな見方が得意な人物をイメージして、その人ならどうする、どう見る、と考えてみると、発想が浮かびやすいでしょう。

7つの視点は、「必ず新しい視点を見出さなければならない」という課題ではありません。

課題だと思うと、うまくできないと自信低下につながり、イライラが募ることもあるでしょう。課題ではなくチャレンジ。宝くじを買ってみるようなものです。違う視点で見たら、違うものが見えるかもしれない、見えればラッキー、というぐらいの気楽な気持ちで行ってください。運良く、違う見方に気がつけば、怒りの緊張・警戒レベルがぐっと下がるのを、自分でも意識できます。

蓄積疲労の観点で見てみる

7つの視点の自分目線で振り返る項目でもありますが、蓄積疲労の観点からの総括はとても有効です。

現代人のイライラは、9割が蓄積疲労が原因。そして、この蓄積疲労がある限り、たとえ今回のイライラ事象をうまく乗り越えても、またすぐにイライラしやすい状態に戻ってしまいます。

通常、蓄積疲労は、自分では気がつきにくいものです。しかし、「イライラしたという事実」が、蓄積疲労の可能性を示唆しているのです。

自分は、最近疲れていないかな?と振り返ってみてください。この数カ月の仕事や私的生活、環境の変化、難しい人間関係、睡眠時間の減少、我慢や自制……などを思い出してみてください。たとえ充実して楽しいことでも、集中力や体力を使っていれば疲労は蓄積していきます。

そうして振り返ってみると「そういえばいろいろ大変だったな、だからイライラしてしまったんだな」と、怒りやすさの理由が納得できる場合が多いのです。もしそうなれば、**自分の性格や考え方のせい、と自分を責め、自信を失う必要もありません。**

現代人の場合、「イライラ」は、蓄積疲労の2段階の兆候です。たとえ明確に蓄積疲労の理由が思い浮かばない場合でも、イライラしているだけで、わかりにくい蓄積疲労をケアしてみる価値があります。

とはいうものの、よくカウンセリングなどで、助言のつもりで「あなたは、少し休んだほうがいいですよ」と言うと、「休めるわけがありません」と、答える人が多いのも事実です。しかし、**「休めるわけがないでしょ！」とムキになった人ほど、蓄積疲労の2段階で、思考自体が偏っている可能性がある**のです。

ドタキャンする勇気を持つ

責任感の強い人ほど、急に休むことはありえない話だと感じるでしょう。けれども心の健康のためには、ぜひ仕事や用事を「ドタキャンする勇気」を持ってほしいのです。

このように語る私も、自衛官時代、隊員2000人を相手にした講演会で「苦渋のドタキャン」をした経験があります。

当時はアメリカの同時多発テロがあり、現場のメンタルヘルスの重要性がようやく認知され始めた時期。私は意気揚々と休みもなく全国を飛び回っていたのですが、ある講演会の前々日に、突然体調を崩してしまったのです。吐き気、心身のなんともいえない重たい感じや意味不明の切迫感……。友人の精神科医に相談すると、**専門家である自分がまさかの「うつ病」の診断**でした。悩んだ末に講演会はキャンセル、同僚がピンチヒッターとなってくれました。私の人生の中でも、一番大きな、忘れられない〝ドタキャン〟です。

この後私は療養に入り、**完全な本調子に戻るまで1年**を要しました。しかし、今振り返ると、**あのとき講演会をキャンセルしたからこそ、1年で済んだ**のです。

ひとたび「蓄積疲労の3段階」（うつ状態）に陥ると、本調子になるまでどうしても数年はかかってしまいます。

蓄積疲労への対処は早いほどいい。休めないと言うクライアントには、「交通事故に遭ったと思ってください」とお話しします。それぐらいの緊急度合い、深刻度合いです。交通事故に遭って入院した人に向かって、「仕事を休んだな」などと文句を言う人はまずいません。勇気をもって休んでください。

一方で「ドタキャンする勇気」を温かく許容する社会であってほしいとも願います。

「イライラ」の種を見つけるゴールデンファイル探し

イライラ事象の総括で、ぜひトライしてみてほしいツールが「ゴールデンファイル探し」です。

怒りで失敗した、怒りをコントロールしたいという方のカウンセリングをしていると、確かにその方は、怒りを何とかしたいと思っているようです。その一方で、**怒りを発動したときのことを、むしろうれしそうに話す方が多い**のです。怒っている自分が好き、というか怒る自分を肯定している部分があるように思います。

また、それを自分でもある程度認識していて、自己矛盾が大きくなっているようです。つまり単に怒りを制御できないというだけでなく、怒りを制御したいのに、怒りを好ましく思っている自分がいるという矛盾への自信喪失です。

つまり、「自分（人）は、怒ってはならない」「怒りを好ましく思っている自分はダメだ」「自分は一貫していなければならない」という信念を持っているのです。

そういう方にはまず、人はそもそも怒りを心地よく感じるものだという話をします。**怒りは不快な感情ではありますが、実は、わずかに「快感」も混じっています。** まさかと思うかもしれませんが、怒りを発散したら、直後に少しスカッとするのは、誰でも覚えのあることではないでしょうか。「あいつをギャフンと言わせてやった」などと、過去のケンカを武勇伝として話す人は、どこかうれしそうにしているはずです。

怒りにはなぜ「快感」があるのでしょうか。

人には、ある事象に対して「快」か「不快」かを判断する「本能」が備わっています。**「快」と感じるならば「近づく」。不快ならば「離れる」。** 本能で「行動」を決めてきました。例えば、「恐怖」という感情は不快なので、ただちに対象から離れます。そして「危険から逃れる」という目的を達成します。

この意味で、「怒り」は戦いの場で発生する感情。原始人モードでは死ぬかもしれない場面なので、本能はおおむね「不快」と判断します。しかし一方で、怒りは相手を倒すための感情でもあり、戦うためには相手に近寄らなければなりません。だから、**怒りには、ひそかな「快」が伴う**のです。

また原始人的に考察しても、敵が死ぬ（弱まる）のは自分の生存の確率が上がるので大きな快になります。さらに現代人的にいうと、我慢で止めていた表現スイッチが開放されるし、我慢のエネルギー消費も終わります。どうしても怒りは快につながりやすいのです。

さらに**人間は、初期設定として「争う、競争することが好き」「相手をやっつけるのが好き」な部分もある**のです。限りある食料は、早いもの勝ち。力と知恵のある者が、戦いや競争を通じて生き残ってきました。子孫を残すためには、戦って相手を倒すことが必要な場面も多かったでしょう。

人間は、私たちが思うよりもずっと残酷です。例えば、古代ではコロッセオでの剣闘があり、人々が熱狂したといいます。現代でも格闘技が大みそかの紅白歌合戦の裏番組として放映されるなど、根強い人気があります。昔は多くの国々で、公開処刑すら見世物でありました。こうしたジャンルは、人間のもつ残虐な本能を、エンターテインメントの形にしてうまく昇華させてきた智恵でもあります。

しかし、いくら本能だからといって、残虐性をそのまま発揮してしまっては、現実社会では捕まります。仲間を失い、信頼を失い、自分自身が破滅してしまうでしょう。

ところが、**疲労してエネルギーが弱っている人、自信がない人ほど、怒りが持つひそかな「快」を求めて怒ってしまう**のです。しかも、それでストレスを感じ、さらに怒ってしまうという悪循環、つまり怒りが中毒性をも帯びてしまうことがあるのです。

生き延びるために、相手を打ちのめしたい。しかし社会でうまくやって生き残るためには、他の人とも仲良くしたい。この矛盾した2つの欲求を同時に併せ持つのが、私たちの本質。**人間とはそもそも一貫できるものではなく、複数の欲求・感情が、同時多発する「矛盾だらけ」の存在**なのです。

怒りのコントロールをしようと思うなら、まずはこの「人間は矛盾だらけ」というところからスタートしなければいけません。**「怒りは（完全には）コントロールできない」**ということを理解しておかないと、無理な課題を自分に課して、どんどん自信を失うというサイクルに陥ります。

現実的な対応は、これまでお伝えした通りです。まず日ごろから疲労に気をつけ、トラブルがあったときは受け身をとり、感情をケアし、現実問題を考察する。そうして、感情が1段階に収まったら、振り返ってみる。

この総括の段階で「自分の中の矛盾」を素直に認識しつつ、それでも少しでもおだやかに過ごせるようにするために、自分の価値観を振り返ってみるのです。

「信じられない。これって当たり前のことだよね?」とイライラしたとき、それはチャンスだと、私は思っています。自分では当たり前すぎて気づかなかった、**無意識のこだわり、**私はこれを**「ゴールデンファイル」**と呼んでいるのですが、そのファイルの中身をチェックできるからです。ゴールデンファイルは、自分にとって大切な価値観群です。心の中の金色のファイルに入れてありますが、あなたにとってあまりにも当然すぎて、自分でもそこにどんな価値観が入っているのか、あまり意識できていないものです。

実は、この**ゴールデンファイルが他者へのイライラの発信源になっていることが多い**のです。ゴールデンファイルに入っているのは、その人にとっての正義、それを脅かす人を攻撃する「快」のもとになるものです。

できれば、その価値観を少しゆるめておくと、イライラする回数が減ります。

ただ、ゴールデンファイルを否定してはいけません。ゴールデンファイルは、これまでその人を支えてきたもの、その人の人生の根幹でもあります。それを完全に否定するのは、怒りや攻撃性の否定と同じように、「できない課題」です。**否定ではなく、少しだけゆるめればいい**のです。

まだイライラ事象の記憶が鮮明で、かつ1段階に落ち着いている段階は、ゴールデンファイルに気づいて、それを修正できる絶好のタイミングです。

「上司にはメールではなく直接報告」は当たり前か?

感ケア講座を受講していたAさん(50代女性)のお話です。

Aさんはシステムエンジニアとして企業で働いているのですが、同じチームの20代の後輩男性が「なんでもメールで済ませようとする」ことに「プチ・イライラ」していました。

「今はリモートワーク体制で出勤が減ったんですが、その日は出勤日で、同じフロアのすぐ近くにいたんですよ。ちょっとした部内の事務連絡とか、メールではなくて声をかけてくれればいいのに! いつもそういう態度なんです」

と、口を尖らせました。

Aさんは講座の中で、そのイライラの原因を分析してみました。「何が一番傷ついた」という問いを考えていて、真っ先に思い当たったのが、

「メールより対面のほうが正式。下の人は上司には直接報告をするべきだし、メールで済まそうとするのは失礼だ」

という、思いでした。

「それはなぜ、そう思うの？」

と、あえて私も聞きます。

「えー、それって、当たり前のことじゃないですか。しかも、今はなかなかコミュニケーションを取れない時期ですし。もっと、後輩から、積極的にホウレンソウ（報告、連絡、相談）してほしいんですよね」

とAさん。

そこで、ほかの受講生にも参加してもらいながら、そのゴールデンファイルを検証してみることにしました。

いろんな意見が出てきました。メールを使うことで、Aさんの業務の邪魔をしないように、逆に気を遣っているかも……。若い人は、メールが当たり前すぎて、失礼だとも思っていない世代かも……。Aさんは「ホウレンソウ」を叩き込まれた世代でしたが、今はそういう教育が徹底されていないかも……。

こうして検証してみると、Aさんが無意識のうちに守ってきたルールは、「100パーセント正解」ではないようです。

特に、他の若い受講生が紹介してくれた「逆に気を遣っている」という考えを聞いて、Aさんは少し驚いたような表情を見せました。染みついた価値観をいきなり捨てることは難しいものですが、「必ずしもそうとは限らないこともある」と、ゆるめることはできます。

「なるほど、自分がこうだと思い込んでいたことで、勝手にイライラしていたということですね」

と、和気あいあいのディスカッションの中で、Aさんのゴールデンファイルも、少しゆるんだようです。

ゴールデンファイルとは言い換えると、こうあるべきという期待値。これが高すぎると、自分に対しても周囲に対してもダメ出しが多くなります。そして「うまくいかない感じ・困った状態」による根源的怒り（67ページ参照）が生じやすくなるのです。

ただし、重ねて言いますが、この「ゴールデンファイル」の検証によるイライラ解消は、「理性コンピュータ」が十分に働いてこそ（1倍モードのとき）機能します。疲れているとき（2倍・3倍モードのとき）はやめておきましょう。

「どこで止めるか」を考える怒りの経緯分析

イライラを暴発させてしまうと、その瞬間のことを考えて、もっと我慢すればよかったと後悔するものです。ところが、これは3段階の強力な怒りに対し、我慢力依存で戦おうとする作戦。敵は強いし、我慢には限界がある。いくら振り返って検討しても、そもそもあまり勝ち目のない戦いです。さらに我慢依存の発想だと、「なぜ我慢できなかった、次はもっと自制しなきゃ」という自分を責める反省会しかできません。そこで、もう少し戦術的に考えてみましょう。


30代女性のクライアントのBさん。来るなり、

「下園先生。実は先日、父と殴り合いの喧嘩（けんか）をしてしまいました」

と話し出しました。

「お父さんと殴り合い？　それはまたおだやかじゃないねえ」

と、私もビックリ。

「きっかけは、生活態度をたしなめられたことだったんですが、私も暴言を吐いて、父も激しい言葉で言い返してきて。ついにお互いに手が出てしまったんです」

怒りの暴発によるトラブルです。しかし、よくよく経緯を聞くと、次のようなことがわかりました。

Bさんは広告会社の営業職。コロナ禍でこれまで通りの勤務もままならない中、その日は遠方の取引先を2件も回っていました。

クタクタになり駅でラーメンを食べて家に帰った後、さらにポテトチップスとビール、

アイスクリームを食べました。好きなものをお腹いっぱい食べるのは、彼女なりのストレス解消方法。しかし、この日は過食気味の自分に落ち込んでしまったそうです。

「コロナ禍でちょっと太り気味なので、せっかくダイエットをしようと心に決めていたのに。すっかりそれを忘れて、ムシャムシャ食べていたんです。そんな自分が嫌で……」

と、Bさんはため息を1つ。

お風呂に入ったり、次の日の支度をしたりしているうちに、寝るのがすっかり遅くなり、そのことでお父さんに注意を受けました。いつもは黙ってやり過ごすけれど、その日はキレて言い返してしまった。するとお父さんも「その態度はなんだ」と応酬。やがてお互いに止められなくなって、最後は殴り合いになってしまったそうです。

「あそこでもう少し冷静になれればよかったんですが……。いつもそう、私が悪いんです」とBさん。

口喧嘩の段階ですでに、Bさんもお父さんも、完全に怒りに乗っ取られた状態、つまり3段階になってしまいました。

「そうなれば、誰も自分の行動を止められないよ。Bさんが悪いわけじゃない」と慰めましたが、ただ、頻発する父とのトラブルを何とかしたいというBさんの思いもわかります。

そこで私は、よく起こるという父との大喧嘩のパターンを振り返ることを提案しました。

いろいろ話してみると、大喧嘩の前には、大概Bさんのオーバーワークや、それに引き続く過食、自己嫌悪という流れがあることがわかりました。

私は、Bさんの**「小さな敵」から攻める**ことを提案しました。**それは、過食のイライラに働きかけること。**ただし食べすぎてしまうという現象も、エネルギーが落ちたときに人間がする、極めて本能的な行動。簡単にやめられるものではありません。

そこで、食べすぎた後の罪悪感だけでもゆるめる方法は何かないか、考えてみることにしました。

すると、Bさんは「食べ過ぎて落ち込むとき、韓流アイドルの動画を見ると、気がまぎれることがある」とのこと。そこでBさんと、過食したら韓流アイドル動画を見て気持ちを和らげる、という作戦を決めました。

それが、Bさんの、怒りの暴発防止作戦の第一歩となりました。その数日後メールで、「今日も食べ過ぎてイライラして、父ともめそうだったけど、韓流作戦で、回避できました。ちょっと自分に自信を感じました」といううれしい戦闘報告をもらいました。

怒りで爆発してしまったとき、通常はその場面だけのことを反省しがちです。怒りの衝動をその局面で止めるのは強敵に挑むようなもの。それより、**怒りが積みあがる前や、イ**

ライラ事象の後、内面のエスカレーションが大きくなる前に、思い切って行動してみることなどが、結局は大きな怒りの回避方法として一番有効な対処になるのです。

ただ、これには全体を見る視野と、思い切って行動に移す勇気が必要です。自衛官の私にとっては、まさに戦場での指揮官の思考作業に近い感じがします。つまり簡単ではありませんが、うまくやれば戦況を左右できます。

⑥これまでの手順を数度、繰り返す

怒りのケアの手順を紹介してきました。⑤までが一応の手順です。ただ、これを「確立したメソッド」と考えてほしくないのです。心のケアは、機械の組み立てではありません。もっと柔軟なものです。紹介した手順は、大まかな方向性だと考えてください。

順序が入れ替わったり、同時に進んだり、あるいは省かれることもあります。例えば、感情が感じる危険度が低い場合は、警備隊長（感情）のケアの部分より、現実的対応のイメージを持つだけで、収まる場合もあります。

一方、これで良し、と思っても、まだ引きずる感じがあるときは、警備隊長（感情）のケアの部分に戻って、敵の意図予測、観察、対応シミュレーションなどをすればいいのです。

このように自由にアレンジし、効果を見て、ご自分で修正しながら使ってください。次第に、自分の得意技のような使い方が見つかるかもしれませんが、以前うまくいった方法が、今回うまくいくとは限りません。とにかく、**アレンジし続けることが必要**だというのは忘れないでください。と、しつこく書くのは、これが正解だと思うと、なかなか成果が感じられないとき、きちんとやれてない自分にダメ出しをし、自信を失う例のサイクルに陥りやすいからです。

もう1つ、重要なポイントがあります。

このプロセスは、**一度で終えずに、数度、実施してほしい**のです。いったん振り返りまで進んでも、翌日やるとまた違うことが見える場合が多いのです。

感情の自然な落ち着きは、感ケア5の刺激（連続性）の曲線のように、徐々にしか変化しません。今日のケアで落ち着き、出した結論は、今日の曲線の部分までなのです。次の日、その次の日は、時間にともなう自然な曲線低下により、同じ手順でケアしても、落ち着く先が、変わっていくものなのです。

理性で「よし、これで終わりにしよう」とある程度落ち着けても、感情がまだ、くすぶっていることもあります。何か違和感がある、あるいはやっぱり自然に思い出してしまうという場合は、少し後になってからでも、その心の声に素直に従い、何回でもこのケアの手順を回してみてください。

日ごろの小さいイライラ事象への対処が大切

これまで、「イライラ事象」があったときの警備隊長へのケアの方法を紹介してきました。やり方自体は、理解していただけたと思います。

ところが、感ケアの講座でこれらを紹介して、そのときは大変納得、感動しても、なかなか実生活で上手に使いこなせない方もいます。

それは、このスキルを「いざというとき」に使うものだと考えてしまうからです。日ごろそれほどイライラを感じない。1年に一度ぐらいある、大きな怒りのときに使おうという発想です。

自然なことではありますが、これを防災に例えると、あるとき、防災計画を立て、後は忘れておく方法になります。それではいざというときは、使えないものです。使えるようになるには、防災訓練が必要です。怒りのケアも同じです。日ごろから練習しておかないと、使えないものなのです。

そのためのコツが、**「日ごろのちょっとしたイライラ事象に積極的に使ってみる」**という態度です。とにかく**練習回数が必要**なのです。

試しに、1カ月ほど、寝る前でもお風呂の中でもいいので、**「今日イライラしたこと」**を思い出してみてください。そして、**小さくても怒りの種を見つけたら、警備隊長をケアする6つのプロセスを踏んでみる**のです。全部やるのが大変なら、好きな部分をやるだけでもOK。やればやるほどコツをつかみ、自分なりのアレンジもできてきます。

また、**続けていると、怒りにくい体質になっていくという効果**も期待できます。というのも、小さいイライラを放置しておくから、刺激の連続効果と防衛記憶効果で小さなことでも爆発しやすくなるからです。お肌のケアと同じく、日々のお手入れは裏切りません。

練習の回数をこなせばこなすほど、その思考が自然になり、速くできるようになるでしょう。今、無意識にしている「我慢」と同じように、無意識のうちに怒りに対処する6つのプロセスを回すことができるようになれば、しめたものです。実際、世の中にいるあまり怒らない人たちは、イライラ刺激に対して、無意識のうちに今回紹介したようなツールで対処していることが多いのです。

また、どんなに小さな怒りやイライラでも「上手に対応できた」という体験は、私たちにとって、とてもうれしく、自信を感じる瞬間でもあります。その「快感」は、ストレス解消効果があるといってもいいくらいですので、ぜひ取り組んでみてください。

私のイライラ対処体験

怒りのケアの6プロセスを行った事例を紹介します。

まずは、私自身の最近の例。

私は、様々なところで感ケアを伝える講座を開催しています。ある講座に、一人の医療関係者が参加していました。

その方は自信家でやや威圧的なところがあり、グループディスカッションのときも、自分の意見だけを語り続けるような人でした。ただ彼の話は論理的なので、他の受講生がやり込められてしまうような雰囲気がありました。

私は、気にかけつつ講座を進めていました。ところが、途中でその方は突然私の話をさえぎって、

「その話にエビデンス（データによる裏付け）はあるんですか」

と質問してきたのです。私は、内心ムカッとするのを感じました。

「あ、僕は、あんまりエビデンスというものを重要視してないんです」

「はあ。そうなんですか」

と、その人は腕を組んであきらかに不服そう。**この瞬間、私はこの方を論破しようかと**

思いました。エビデンスについては日ごろから考えているテーマだったし、エビデンスの有無よりも、あなた自身の今日の受講姿勢こそ問題だと言いたかったのです。

しかし、次に思ったのは、**「とりあえず、この場はいなしておこう」**です。日ごろ私自身が皆さんに話していることでもあります。「ここでエビデンス議論になっても、ほかの方の関心事項ではない」と冷静に考えている自分もいました。瞬間的に怒りに乗っ取られそうになりましたが、なんとか気を取り直し、講義を続けたのです。**とりあえず受け身を取って、外的エスカレーションは回避できました。**

ところが、講義が終わって受講者が帰り、スタッフとともに講義のアンケートを見ると、ほかの方は大変満足しているのに、その方だけが、「高いお金を払っているのに、根拠のない話をされた」とまた、エビデンスのことへの不満を記載していました。**それを見た瞬間、また私の怒りが3段階に。**

スタッフの手前、「こういう意見も大切にしないとね」とひきつった笑顔で返しつつも、なぜか心の中の怒りが、いつになく大きくなっていることに気がついていました。

教室から帰るのにまず、1時間半の電車では、音楽を聴き、**感情が収まる時間**をとりました。駅から家までは15分の徒歩。歩いていると私は頭が働くようになります**(体からのアプローチ)**。

少し感情も収まった感じがあったので、このタイミングで、自分の「怒り」を思い出してみました。まず、**警備隊長の怒りの報告を聞きます。**

すると、まず「エビデンス」という言葉が怒りとともに出てきます。

私は、日ごろから世の中の「エビデンス信奉」の風潮をあまり好ましく思っていませんでした。エビデンスは極論すると、単なる平均値。私たちの現場で必要なのは、平均のデータではなく、その人に有用な情報。それを見極められるのがプロだと思っています。逆に言うと「実力のない人ほど、エビデンスに頼りたがる」と思っていたのです。

この段階で、その人というより、エビデンスそのものに対する怒りが乗っかっているということに気がつきました。

さらに、面白いもので、**人間は、強いものに対しての怒りよりも、弱いものに対しての怒りのほうが、ストレスが大きいのです。原始人的には、撃破できる対象なのに、我慢で、それをしないからです。**今回の怒りがいつもより大きかった理由がわかった気がしました。

自己理解が広まることで自信も少し回復してきました。

怒りの声を聞きながら、応急防御計画を考えます。**彼の意図を考え、彼に反撃するシミュレーションを実施します。**現場では飲み込んだ反撃を、イメージの中で実施します。今回は、日ごろから考えているエビデンスに関する理論武装を使い、**ぐうの音も出ないくら**

い、彼を言い負かしてみました。

このとき、「済んだことじゃない」「彼も悪気があったんじゃなく、一生懸命学ぼうとしているだけ」「受講生のことを悪く思うなんて講師として恥ずかしい」などという理性的な思考や自責の念に、このシミュレーションがストップされないように、意識して最後までやり込めるイメージを続けました。

すると、少し気持ちが落ち着いてくるのを感じました。**警備隊長のケアがある程度進んだようです。**

「まあ、あの人にとっては面白くないであろう講座を1日受けて、逆にかわいそうだよな。退席してもよかったのに。他の人にも迷惑だし。医療現場では、エビデンスがないとやっていけないんだろうな。でも、人として残念な人だ。ましてやメンタルの援助者としては、不適だな。でも、そこまで私がケアする立場にないな」

という感想を「こう考えるべき」ではなく、実感として持てるようになりました。

この時点で、私的な怒りのケアは、50%ぐらい進んだ感じです。

次の日、ほかの仕事のスタッフとの打ち合わせがありました。私は「昨日の講座でこんな人がいてね……」と愚痴混じりに昨日のエピソードを披露しました。**「味方工作」**です。

日ごろ信頼しているスタッフからは「それは、ひどい人ですね。先生も大変でしたね」

とねぎらいの言葉をもらえ、この時点で私はさらに、落ち着きを取り戻しました。進捗度60％です。**2段階**の下。まだ、意識していますし、腹も立ちやすいですが、もうすぐ1段階に行けそうな感じです。

3日後。帰宅の徒歩の中で、私は、また怒りの場面を思い出したので、もう一度応急防御計画を振り返ります。再度反撃のシミュレーションをしつつ、この出来事を再検証してみました。

すると、最初から引っかかっていた、「エビデンス」という言葉が再び思い出されました。彼は講座の中で、複数回、その言葉を使っていたのです。

そのとき、思い出したのです。現場では「エビデンスはない」と答えたのですが、実は私のスキルには大学とコラボしてきちんと研究したエビデンスがあるのです。あるのに、「エビデンスはない」と答えた自分がいたのです。これは発見でした。それまであまり意識していませんでしたが、それが私の**「ゴールデンファイル」の1つ**だったのです。

「そうか。私はエビデンス嫌いなんだ。だから、エビデンスをとってあるのに、講座のなかではそれを伝えることをしてこなかった。でも、それは私自身の好き嫌いだ。世の中にはエビデンスを極端に重視する人もいるわけだし、次回からは〝この講座はエビデンスに基づいています〟と、最初に言ってしまおう。そうすれば、無用なトラブルも避けられる」

ここまで考えがいたると、今度はうれしくなってきました。起こりうるトラブルを自分で回避できるからです。これまでの思考で、たしかに怒りを低下させることはできた。それでも十分な効果です。ところが今回はラッキーにも、今後は、「きちんと予防できる」という第1の自信（39ページ参照）を得られる思考にたどり着いたのです。

さらにそれは、「今回の怒りにちゃんと対処した」という自信も大きくしてくれました。この体験を提供してくれた彼に、感謝の気持ちさえ湧いてきたのです。彼を思い出しても、嫌悪感はすっかり薄らいでいました。

私の中で、**「講義で嫌な思いをした」という物語が、「良いことに気づかせてくれた貴重な体験」という違う物語に変わっていました。**当然、**記憶の残り方も変わってくる**でしょう。

2代目社長にカチンときたCさん

もう1つ、私の講座で「怒りの対処法」を学んで実践した、Cさんのケースを紹介しましょう。

Cさんはとある中規模メーカーの研究所で、部長をつとめる50代男性です。

コロナ禍、上司の統括部長がやめたので、Cさんが兼務することになりました。ところが同じ時期に、部下のグループリーダーの一人も辞めたのです。急なことでもあり、Cさんはこれまでの部長職に加えて、一時的に、統括部長の職と、部下のグループリーダーが担っていた仕事の面倒までみることになりました。しかも、研究部門は、ちょうど2年越しのプロジェクトが佳境に入っていました。Cさんは極めて多忙な身となってしまったのです。

ある日、Cさんが研究所で部長としての業務をしていると、そこへ、社長がやってきました。社長は2代目で、研究部門のことをよく知らないところがあります。

「Cくん。君はまだこんなところにいるのか。早く部長職を誰かに譲って、統括部長の仕事をしてくれ。現場仕事からは離れなきゃダメだろ」

と言うのです。

Cさんはカチンときました。研究部門は今グループリーダーが抜けた状態で、残った研究員が慣れないリモートワークもこなしながら、必死に研究を続けているのです。また辞めたグループリーダーはとても優秀だったのですが、多忙により体調を崩してしまったことでの退職でした。「社長は何もわかっていない！」と怒りを感じました。しかし、Cさんはぐっとこらえました。感情ケア講座で**「怒りを感じたら、とりあえず謝ってしまうの**

が処世術」と習っていたからです。

Cさんは、

「申し訳ありません。でも今、無理に仕事を振ると、潰れる人やまた辞める人が出かねませんから」

とだけ答えました。

数日後。再び社長が研究部門にやってきたのですが、間が悪いことにCさんはちょうど部下と一緒に実験をやっているところでした。

ただちにCさんは社長室に呼び出され、

「いい加減にして、さっさと統括部長の業務に専念しろ」

と、今度は叱責されてしまいました。Cさんは「すみません」とひとまず謝ったものの、怒りを止めることができず、震えながら社長室を出ました。

Cさんは、講座のプリントを見返しました。まずはトイレの個室で、**警備隊長の声を聴き、敵の悪意や行動を想像しつつ、2代目社長を徹底的に論破する「対応シミュレーション」**を行いました。でも、なかなか興奮は収まりません。

仕事帰りに仲の良い同期を誘い、コロナ対策のルールを守りつつ居酒屋へ。深酒には注意しつつ、一連の出来事を話して、**愚痴を聞いてもらいました。「味方工作」**です。

1日の終わり、Cさんの怒りはだいぶ収まっていました。よしこれでいい、と思っていたのですが、次の日、朝起きると、真っ先に昨日のことが思い浮かんで嫌な気分になったのです。感情は簡単には収まっていなかったようです。それはそうです、結構大きな問題ですから。

そこでCさんは、その日の夕方、長いつき合いである、取引先のYさんに相談に乗ってもらうことにしました。酒の席ではなく、喫茶店にしました。CさんにとってYさんは、仕事ぶりも人柄も尊敬している人で、プライベートも含めてよくいろいろな相談をする、メンター的な存在です。Yさんは、

「あの社長と争っても、いいことはないよ。次に何か言われたら〝現場仕事が好きで、僕の趣味みたいなものです〟と明るく言えばいいと思うよ」

と、アドバイスしてくれました。

「家の中で、お母さん（Cさん）は忙しくて夜なべをしている。一方、お父さん（社長）はヒマ。すると、子どもたち（社員）から、お父さんが非難されてしまう。お父さんはそれがイヤなんだよ。だから、次に夜なべ仕事を叱責されたら、〝好きでやってるんです。趣味なんです〟と言えばいいいんだ」

「なるほど」

と、Cさんは納得しました。

しかしYさんと会った夜、寝ようとすると、

「今回の件で、何も俺は悪くない」

「2代目社長、何も苦労していないくせにふざけるな！」

という怒りがまた、フツフツと湧いてきます。

Cさんはパッと布団から出て、ノートを広げました。そして、もう一度、**ありったけの思いを全部、書き出してみたのです。再び「警備隊長の声を聴く」作業**です。

いざ始めてみると、数ページにもわたって言葉が綴られました。

「俺は感謝こそされ、怒られる筋合いはない。俺は怒って当然なんだ。そうだ。あんなこと言われたら当然悔しいに決まっている！」

Cさんは「怒り」の感情に触れる作業をしっかりと行い、また、2代目社長とやり合う場面をイメージしました。

1週間後。社内で2代目社長の姿を見かけましたが、自分の中の怒りと警戒心が、だいぶ収まってきたのを実感しました。

「社長のことはまだ許せないけれど、一方で、どうでもよくなってきた感じだ。もしかし

て、下園さんが言っていたのはこういうことか。怒りのトレーニングのいい勉強になったなあ」

と、Cさんは思いました。また、その後もたびたび研究部門に現れる社長を見て、ひらめくことがありました。

「そうか。社長は、部下にハッパをかけるのが仕事だ。コロナ禍でリモートワークが増えたから、社員との接点が減って不安なんだ。それで、イライラしているのかも」

社長の立場でものを考えられた自分に、Cさんはまた少し自信を持ったそうです。

皆さんは、怒りを感じたら、一発でスパン！と解決できる、万能スキルを求めているかもしれません。

しかし、**どんな怒りであれ、ここで紹介した事例のように、何日もかけて、行きつ戻りつを繰り返しながら、プロセスを進めていくのが自然で現実的なケアの形**なのです。

心から納得できる「落としどころ」が見つかるときもあれば、単にモヤモヤが薄くなっていくだけのこともあります。しかし、どの場合でも、きちんとプロセスを踏めば、我慢で疲労を深めることもなく、防衛記憶にも残りにくくなり、自然な形で過去のことに移行します。

この対処が癖になれば、確実に以前より怒りにくい体質になるでしょう。イライラしやすい自分に悩む方。ぜひ、日ごろからこのスキルを練習するように心がけてみてください。

4章

怒りっぽい人に疲れないために

——迷惑な人への対処法

職場などの身近な環境に、怒りっぽい人、パワハラ気味の人が一人いたら、それだけで周囲の人たちは消耗します。この章では、「怒りっぽい人」へのつき合い方についてヒントを差し上げたいと思います。

怒りっぽい人といると自分も「怒り」に乗っ取られる

イライラしている人の近くにいると、自分もだんだんイライラしてくるものです。**感情は伝染する**のです。これも原始人を考えれば、よく理解できます。

ある人がイライラしているということは、その人に危険が迫っているということです。その危険は、周囲に及ぶかもしれません。あるいは、その人の怒りの矢が周囲の人に向くこともあるでしょう。周囲の人にも自分の身を守るために、怒りや恐怖や不安の感情が立ち上がります。

もしこれが、独裁国家なら、暴君の怒りは、周囲の恐怖を呼ぶでしょう。ところが現代社会では、「そんな理不尽なことはしない」とわかっているので、対抗する感情である怒りが生じやすいのです。

例えば、今あなたがある人のパワハラ被害に遭っているとしましょう。相手に対する恐怖も感じますが、同時に強い怒りも感じているものです。

パワハラ被害を受けているクライアントを支援していると、この怒りの感情が、現実的な対応をミスリードしていることが多いのです。

まず陥りやすいミスが、相手を論破したくなる衝動です。現代社会なので、暴力はさすがにダメだとわかっている。ならば、ドラマ半沢直樹のように、相手を完膚なきまでに論破し、土下座でもさせたい。警備隊長の対応シミュレーションの中ならいいのですが、これを実際に行いたくなるのです。

相手も感情的な行動をしているので、突っ込みどころはいろいろあります。相手のゴールデンファイルの矛盾も目につきます。ところが、実際に議論で対抗してもあまりいい結果は出ないことが多いのです。

というのも、パワハラをしてくる上司などは一般的に議論が得意です。特に頭のいい人は、攻撃のロジックも長けている。バトルになっても、言い負けることが多いでしょう。また、運よく相手を一時的にやり込めても、相手の自信を揺さぶるので、恨みを買いやすく、逆襲を受けやすい。結局、**外的エスカレーションを招き、こちらの被害のほうが大きくなりがち**です。

パワハラの被害にあったときに、やりがちなこと

このようにあなたの中の怒りが強いと、現実的な対応策を誤りがちです。

例えば、あなたが今パワハラ被害に悩んでいるのならば、現実的に有効な解決策は、まず、その加害者から距離を取ることです。ところがなかなかそのチョイスができないことが多い。これも怒りの思考によるものなのです。

あるクライアントに、パラハラ上司と離れるために、人事異動案が提示されました。しかし、本人は、**「どうして被害者である私が異動しなくてはいけないのか、上司が言動を改めなければ根本の問題は何も変わらないじゃないか」**と、その提案を受け入れないばかりか、助けてくれようとしている役員や人事にも怒りを向け始めたのです。「パワハラをした上司やこの会社を労基（労働基準監督署）に通報したい」と私に訴えます。

勝ち負け、正義、被害者意識、敵か味方か、死なばもろとも、などの怒りのスイッチが入り、偏った判断しかできない状態でした。

さらに、自信が低下しており、「この嫌な人間関係を乗り越えなければ、今後どの組織でもやっていけない」と自分を追い詰めてもいました。

このようなカウンセリングの場合、まずは本人の怒りを全部受け止めます。警備隊長の

声を聴くのです。そして、カウンセラーである私を味方と感じてもらえるようになったころに、初めて現実検討のディスカッションを行います。

まず、「その上司は誰かが指導してくれれば変わるかな?」と聞くと、「ん〜変わらないと思います」と冷静な答えが返ってきました。

「恐らくそうだよね。会社も仕事の都合で上司をしばらくは異動させられないとしたら、今の状態にあなたはしばらく耐えなければいけないんだけど、どうかな」

「そ、それは難しいかもしれません」と苦しい声。

「そうだよね」と私はうなずきつつ、疲労の話に入りました。

通常、**パワハラ被害を受けた人は、心身が傷つき、疲れ切っています。**

これがもし疲労の1段階、つまり少し休養すれば復活できるレベルであれば、上司に対して言い返したり、同僚にグチを言って忘れたりすることもあります。中にはこれを機会に見切りをつけ、さっさと転職する人もいるかもしれません。

しかしこの方は、体調などを確認すると、すでに疲労の3段階である「うつ状態」に陥っているようです。生きる自信を失い、怒りや不安などの感情も3倍モード。怒りの思考に乗っ取られるのも無理はありません。

カウンセリングでは本人の気持ちも聞きつつ、「異動案を受けたらどうなるか」「受けなかったらどうなるか」と、考えられる少し先の未来を、私の客観的な頭での分析も交えながら、二人でシミュレーションしてみました。

労基に訴える案についても、

「そうだね。君の訴えは正当だから、きっと労基も動いてくれるかもしれない。でも、うまくいかない可能性もゼロではないから、考えておこう。

上司は会社で必要な人材であることは事実だし、今左遷されても、いずれ本社に戻って来る可能性もゼロではない。二人を離すという選択肢の中で、契約社員であるあなたを切るほうが、会社としては選択しやすいと考えてしまうかも」

などと議論します。議論を進める中で、クライアントの先ほどまでの怒りもかなり収まってきたようでした。そこで、私は、1つの考え方を提案してみました。

「こういうとき、労基や裁判所に訴えたい、と思い、実際にそうする人もいる。勝つか負けるかは、いろいろ。しかし私としては、勝ち負けより気になるのが、君の体調のことなんだ。戦うのは本当に疲れる、大変エネルギーを消耗する作業なんだよ。

先ほど確認したように、もうすでに君は大変疲れている。今の状態で勝負を選べば、もし勝ったとしても、その戦いで疲れ果てて、その後数年落ちこむかもしれない。そんな人を何人か見ているんだ」

私は、クライアントの気持ちや意見を否定しないことに細心の注意を払いながら、続けました。

「それより今は、自分の体と心を守ることを最優先したほうがいいと思うのだけど」

怒りのスイッチが入っているクライアントにとって、撤退は、周囲が考える以上に受け入れ難い選択になります。

「それなら、もう少し今の上司のところで耐えたほうがいいのでしょうか」

これは、耐えたい、頑張りたい、という自信を無くさないための彼なりの選択肢です。

私は、今回、上司が注意されたこと、周囲がクライアントの協力者になったことなどの環境改善があったので、本来のクライアントの力なら、耐えて仕事を続けることもできる。しかし、残念ながら今はすでに消耗しているので、まずはその消耗を回復してからでなければ、頑張ることもできないことを説明しました。

相手の性格は簡単に変わらないし、クライアント自身の「耐える力」もすぐには変わらないのです。

また、一度このように「攻撃する、される」という関係になると、お互いがそれを記憶してしまいます。すると、どうしてもその関係が再現されやすくなるものです。それを避けるためにも、「離れる」というのが、お互いのためなのです。

1回のカウンセリングでは決められませんでしたが、このクライアントは結局、異動を受け入れ、新たな環境で仕事を続けるという現実的な選択をすることができました。

怒りをぶつけられたとき、パワハラの被害を受けたとき、私たちには、反撃のスイッチが入ります。相手をやっつけたい気持ちはわかりますが、それで本人が幸せになるかというと、それはまた別の問題です。

多くの方の支援をして思うのが、**現代社会においては、戦うよりも、逃げるが勝ち。逃げながら、上手に自分の「怒り」の感情をケアして、おだやかな日々を取り戻したほうが「幸せ」に近い**ように思います。

怒りっぽい人への日常の対応

さて、このクライアントのように、強い怒りが生じても、現実的には衝動に任せた行動ができないのが現代人です。

こんなときほど、感情のケアが重要になります。**現実問題対処と感情のケアは別物なのです。現実問題で手詰まりだからと言って、何もできないわけではない**のです。

怒りが自分の中でエスカレートするのをできるだけ防いでください。

1章で紹介した**「感ケア5」**や、3章の**「怒りに対処する6つのプロセス」**を思い出してください。できるだけ、怒りっぽい人から距離を取る（物理的、時間的、イメージ的に）。そして、睡眠をはじめとした疲労のコントロールをきちんと意識する。アルコールに走りやすいでしょうが、**アルコールは睡眠の質を落としますので、注意**してください。

不動産会社勤務のＤさん（30代女性）の話です。

「となりの部署に営業部があるのですが、営業部長がパワハラ体質で、いつもイライラしていて、大きな声で〝何やってんだ、お前〟とか〝こんなんじゃダメだ、顔洗って出直してこい〟などと部下を叱責しているのが聞こえてくるんです。私には関係ないと頭ではわかっているのですが、自分も怒られたみたいでハラハラして、手や足が震えてしまうのです。他の人は全然気にしていないように仕事をしています。私は〝繊細さん〟なんだ、弱いなって凹むんですよ。もっとメンタルを強くして、何があっても動じない、平気な人になりたいんです。どうしたらいいんでしょうか」

このケースで、私が、まずＤさんに話したのは、

「大きな声の人が身近にいる、というのは、原始人的には、自分にも危害が及ぶかもしれないことを意味します。だから感情コンピュータで警戒心が立ち上がるのは当然のことです。部長は大きな声を出しただけと言うかもしれませんが、そんな威嚇行為は周囲を傷つ

ける威力もあるので、**パワハラの1つになり得る行為**なんです。Dさんが特別弱いという
わけではありません。動じない人もいるかもしれませんが、動じている人も多いと思いま
す。でも、言えないだけですよ。

とはいえ、少しでも平気な人になりたいと思う欲求も、極めて自然なこと。なぜなら**動
揺するとエネルギーを使うので、人としてはなるべく消耗は避けたい**んです。どうしたら
いいか一緒に考えましょう」

と、説明しました。

「あなたが困っていることを、職場の誰かに打ち明けたことある？」と聞くと、誰にも言
えないです、とDさん。同僚に相談しようと思っても、くだらないことで悩んでいると思
われそうで相談もできない。職場以外の親しい友人はいるものの、楽しい話題だけ話して、
そのことは話さないそうです。

「お友達は、楽しいことだけでなく、嫌なことも共有してこそ、お友達だよ。その営業部
長のこと、**お友達と一緒に悪口を言い合えばいい**んだよ」と言うと、「そんなことしてい
いんですか」とびっくりした顔です。

味方工作と陰口のススメ

パワハラを受けているとき、感情のケア、特に自信のケアとして有効なのが、怒りに対処する6つのプロセスの1つでもありますが、**「味方を作る」**こと。

具体的には、パワハラをする人の「陰口を言う」ことです。個人的には、大変有効なパワハラ対抗策だと思うのですが、Dさんのように、これを控える方もいます。

悪口を言うことの効果については、116ページで紹介しました。ここでは、その使い方のコツと注意点をもう少し詳しくお伝えしたいと思います。

怒りっぽい人と接しているときの悪口は、結構デリケートに使わなければなりません。

まず、**悪口を一切封じてしまうと、原始人モードでは、怒りに対処する6つのプロセス③の（5）「味方を作る」という、大事な段階を踏めない**ことになってしまいます。味方を確保できないと、警備隊長の緊張感は収まりにくい。結果、イライラを我慢することが続き、内的エスカレーションが生じやすいのです。

「あの人のことなんて、全然、気にしていないよ」などと口では言う人が、実は怒りがしこりになって残り、いつまでも相手を許すことができないという、パラドックスに陥ってしまうわけです。

一方で、パワハラ現場でよく見かけるのが、我慢してはいたものの、結局自分が2段階になったときに、とにかく苦しくて、誰にでも相手の悪口をばらまいてしまうケースです。

これは、確かに周囲や組織の介入を容易にしますが、同時に相手の耳にも入りやすく、相手の恨みを買うこともあるのです。また、言いすぎると中立の立場の人から「ちょっと大げさに言う人」という評価をもらいがちです。

ですから、**感情のケアのために悪口を言うなら、きちんと相談相手を選び、先方に伝わらないように「陰で」表現してください。**これが**陰口のススメ**です。ひそかに地下抵抗組織の団結を固める感じです。その意味では、組織外の人のほうが有効です。

職場でつらいことがあると、優秀な社会人であろうとする人ほど、一人でつらいことを乗り越えようとしてしまいます。しかし、パワハラ上司は、反撃しない相手を無意識に選ぶので、黙って耐えるタイプほどターゲットになりやすい面があります。

いざというとき、数名の仲間でワーワーと反撃すれば、案外、攻撃の対象が他に移ってしまうこともあります。あなた自身も味方がいることで、メンタル面でのダメージも防ぎやすくなるでしょう。

ただ、今回紹介したように、蓄積疲労が2段階以上になってしまったら、これらの感情のケアでやり過ごすには限界が来ます。このときも、味方がいることが力になります。ぜひ、味方の冷静な思考を助けに、早めに「距離を取る」という現実的な行動を選択してください。

このとき自分が回避することで、他に攻撃の矛先が向くことに自責を感じる人もいます。確かに、他の人に被害が及ぶかもしれません。でも、だからといってあなたが全部引き受けなければならない、というものでもないのです。「車がかり方式」という戦法がありま す。強い相手に、どんどん矢面(やおもて)を変えていく対戦方法です。どうしても受けなければいけない被害は、分散して乗り越えるのが知恵です。

パワハラ加害者への対応を「交通事故の比喩」で考えてみる

「○○ハラスメント」という表現も定着し、この10年は、企業の人事担当者から、社内の「パワハラ案件」の相談も増えてきました。

しかし、誰しも、まさか自分が「パワハラ」で訴えられる上司になりたい、とは思っていません。最初は信頼される人物でありたいとも願ったはずです。しかし結果として、弱い立場にある人を苦しめるパワーハラスメントに至ってしまうケースは後を絶ちません。パワハラをしてしまう人の深層には何があるのでしょうか。

カウンセリングでパワハラの加害者と話をしてみると、自分が「嫌がらせをした」とは考えていないことが多いのです。逆に**「俺がやらなきゃ誰がやる」「あいつのために俺が教えてやるのだ」という、本人なりの正義感**を雄弁に語ります。かなりの理論武装をしているので、言っていること自体は正しいことが多く、カウンセリングしながら、私もなるほど、と思うこともあります。

しかし**問題がなぜ起きるのかといえば、その「正義感」やルールが他の人には当てはまらなかったり、度合いが過ぎているから**です。時代は変わるし、他人は自分とは違うものという経験値やデータが不足してしまっています。

例えば、今、学校ではエアコン設置が進められていますが、「教室に冷房なんていらない。俺たちの時代は汗をだらだらかきながら勉強したもんだ。少しは辛抱も学ぶべきだ」などと主張する方がいます。しかし、2020年、東京の猛暑日（気温35度以上）は12日。1970年代は年平均1・5日。子どもの成長のためと思っても、前提とするデータが変わってしまっています。

自分がどんなに良いことだと思っていても、正しさや社会のルールは時代によって、TPOによって、コロコロ変わるもの。成功体験に裏付けされた信念ほど、気をつけたほうがよさそうです。

それでは、思い込みが強い人が、どのように自身のパワハラ行為に気づき、正していけるのでしょうか。ここでわかっていただきたいのは、**パワハラをしている人に一般的な「パワハラ防止研修」を受講させても、真の解決は難しい**ということです。もちろん、決して無駄ではないのですが、例えば、交通事故を起こしてしまった人に交通法規の講義を受けてもらう、再度教習を受け直してもらうのと同じだと考えてください。

交通事故を起こしてしまった一番の原因は、「交通法規を知らなかったから」「運転が未熟だったから」ではありません。交通事故の主な要因は、「疲労（注意散漫、居眠り）運転」「無免許、あおり運転、暴走」「飲酒運転」の3つ。つまり、事故の再発を防止したければ、**疲労のケアを教え、感情のケアを教え、アルコールへの依存などのストレス対処法の問題を教えないといけないのです。パワハラ案件のカウンセリングも、この3要素を踏まえたアプローチが必要です。**

パワハラをカウンセリングで直すのは難しい

パワハラをしてしまったり、そのことで処罰を受けたりした本人を矯正するためのカウンセリングは、とても難しいと言わざるを得ません。

疲労のケアや感情のケア、ストレス対処法への依存の問題（怒りへの依存）を学び、トレーニングを実践していかなくてはならないからです。その過程は個人によってまったく異なりますし、一筋縄ではいきません。ざっと半年から1年、場合によっては数年かかります。アルコール依存への治療訓練と同じぐらいの難しさです。

カウンセリングの場では、まず一番初めに、その人がそもそも今、そのトレーニングに耐えられるのかどうか、その時点での心身の状態を慎重に見極めます。左遷されたり、処罰を受けていたりして、本人としては大変なショックを受けていることが多いのです。自信を失い、すでに「うつ状態」に陥っていることも多々あります。

第一段階のゴールは、パワハラの張本人であるクライアントの疲労を癒やすこと。そのためには、しっかり休養をとらせるようにします。

また、パワハラをした人なのですが、処分を受けたことで、**自分は組織から攻撃を受けた被害者であると認識している人も多い**ものです。そのままだと、組織に対しての恨みが募ります。そこで、怒りのケアをします。

「組織は、あなたを決して見捨てたわけではないですよ。私とのカウンセリングを通じて、あなたが再生するのを期待しているんです」

というメッセージを、言葉、態度、口調、雰囲気などを使って、カウンセリング全体で、本人に伝えながら、まずは、怒りに対処する6つのプロセスと同じように、押し殺している感情の言葉を全部表現してもらうようにします。秘密を保証したうえで、言いたいことを全部言ってもらうのです。

信頼関係がある程度できて、エネルギーも回復してきたなという頃合いを見計らって、次の段階へ。今度は**自己分析**です。**なぜパワハラ行為に及んだかなど、具体的に振り返ってもらいます。**

「パワハラ講習は受けていましたし、怒鳴るのが悪いとはわかっていました。相手がパワハラと思うかもしれないとも……。でも今ここで部下にわかってもらわなければ、立派な社員になれない。俺が今こそ、仕事とはそういうものだと教えたかったし、わかってもらいたかったんです」

このように、ほとんどの人が表現は違えども、自らの正義感を語ります。そこで、私は、一連の心の動きや行動には、「怒り」の感情がベースにあること、また、本書の1章・2章でも触れてきたように、感情とは何か、怒りとは何かについても話します。そのうえで、「あなたの心の動きや行動は人間の本能のようなものなのでしかたない部分もあります。でも、現実にはそれで相手は傷つき、あなたもキャリアを失ってしまった。背景にあるあなたの正義を少し検討してみたいのです」と**ゴールデンファイルを見つける作業**を行います。

いくつかのゴールデンファイルが見つかったら、その正しさについて、私とディスカッションします。このとき、私は、論破しようとするのではなく、相手の怒りのバイアスを常に尊重しながら、丁寧なバランスの中で話を進めていきます。

また、**それらの信念の強弱の変化を感ケア5の視点で探索**してみます。この過程で、過去のショックな出来事の存在や、私的なことでの蓄積疲労、孤立感による自信の低下、若いころの「防衛記憶（恨み）」などの問題が明らかになってくる人もいます。

ゴールデンファイルを見つけ、少しゆるめることができたら、次は**現実対応**。「もし、今回と同じ場面が起きたら、次回はどう対応するか」をできるだけ具体的に想像し、対処法を検討していきます。

具体的なイメージが描ければ、かなり自信も回復してきます。

一般的なサポートなら、ここで終わってしまうのですが、私は元自衛官です。**人は、問題点を認識しただけでは、そう簡単には変われないことを知っています**。次の段階は、自衛隊でいうところの**「図上演習」**と**「ロールプレイ」**です。

図上演習とは、シミュレーションです。いろんな場面を想定し、「相手がこう発言したらどうするか?」などとシミュレーションをして、対応策をイメージします。イメージするだけでなく、**実際に配役を決めて、指導の場面をロールプレイ**してみます。ロールプレイは、ビデオに撮って、一緒に見直してみます。すると、

「私は、みんなから『怖い』って冗談交じりに言われていましたけれど、たしかに普通に話していても怖い顔ですね。自分では気づかなかったなあ」

などと、気づきを得る人もいます。

話を聞いているのにまったくリアクションしない方がいたので、訓練の前後をビデオで撮りながら、**「うなずく」動作の練習**をしたこともあります。まず、私がモデルとしてうなずく動作をやってみせ、「最初は天井を見てから、うなずくくらいのつもりでちょうど良いですよ」などと教えると、そのクライアントは、そんなに大きくうなずくのか、とビックリしていましたが、ビデオに映る自分を見て、「確かに、以前よりだいぶいい感じです」とコツをつかんだようです。

このようなトレーニングを重ねながら、次は学んだことを、**日常生活の中で実践していく段階**です。当然、現実の世界では、練習通りにはいかない場面や新しい課題も出てくるので、その都度、次のカウンセリングで検証し、話し合い、図上演習とロールプレイを繰り返していくのです。

このクールを回している間に、少しずつ本人に真の自信がつき、やがてパワハラ体質から脱していきます。個人によりますが、だいたい2週間ごと、10回のカウンセリングをワンパッケージと考えています。しかし、それで上手くいく人もいれば、失敗に終わる人も。パワハラのカウンセリングは大変難しく、成功の確率はそれほど高くはないのです。

パワハラの被害者への組織のケア

ここまで加害者側に対する組織の対応を分析してきましたが、被害者にはどういう支援をすれば良いでしょう。

パワハラを受けている被害者は大変苦しく、加害者に「死んでほしい」「罰を受けてほしい」「〝人格改造工場〟に送り込みたい」、などと思うかもしれません。

しかし、先に紹介した通り、**パワハラをする人の心や態度を変えるのは、時間がかかり極めて成功率が低い**のです。組織としては加害者を改心させる努力をするより、**加害者と被害者の距離を離す人事対応をするほうがずっと効果的**な支援になるのです。

パワハラをしてしまう人というのは、誰にでもパワハラをするわけではありません。部下全体に厳しい人でも、無意識に歯向かいそうもない人をターゲットに選んでいます。

原始人的には相手に反撃されたら、自分の命を失う可能性があるので、**人は巧妙に「攻撃しても大丈夫な相手」を選定する**ものなのです。自分より強い相手を攻撃対象に選ぶことはほとんどありません。オフィスやインターネットの掲示板で起こっていることは、実は、太古の昔、荒野で起こっていたことと、ほとんど変わらないのです。

このことから考えても、パワハラ案件の被害者と加害者となった二人は、物理的に離すのが一番です。

ただ、どちらかを異動させたとしても、現実的には同じフロアにいて、存在が目につくのなら、あまり意味はありません。被害者の感情面から考えると、**パワハラに遭ったとは「殺し屋に遭遇した」のと同じレベルの恐怖**です。例えば、別の関連会社やオフィスの違う部署など、二人が二度と会うことのないようなレベルで、離れた環境を配慮するべきです。もちろん、それが難しい職場もあるでしょうが、考え方として、二人は決定的に離すのが望ましいのです。

また、「離した」から、それで大丈夫というものでもありません。被害者は、かなり消耗しており、うつ状態になっていることが多いのです。その後、1年ぐらいは大変傷つきやすい状態にあり、新しい職場でもうまく適応できない場合も少なくありません。人事は、「大変な思いをして調整して異動させたが、新しい職場でも、似たような問題になっている。どうも、あの人（被害者）本来の問題かも……」と考えるかもしれません。

思い出してください。パワハラを受けたときの恐怖は、殺し屋に狙われた恐怖。しかも自分は弱った状態なので、他者の何ということもない言動に対しても、以前のパワハラと同じ危険を予測した文脈で受け取りがちなのです。また、記憶も強く残っているので、パワハラされた相手を、数年後に見かけただけで、数日落ち込み、死にたくなってしまうという方がいるぐらいです。似ている人を見ただけで、同じぐらいの衝撃を受ける人もいます。

組織や周囲の人々は、パワハラ被害を受けた方を、数年は温かい目で見てあげるようにしてほしいものです。

ちなみに、自衛隊や警察、海上保安庁などでは、上に行くほど転勤が多くなります。このような階級社会では、「上の者が下の者に命令する」という要素が極めて大きく、構造上どうしてもパワハラが生まれやすい面があります。**転勤制度は癒着防止とともに、強制的な「離れる」によって、深刻なパワハラが起きるのを防ぐ、一種の生活の知恵**なのかもしれない、と私は感じています。

「1つの組織に、パワハラ、もしくはパワハラ気味の人はどのくらいいるものと考えたらいいのですか?」

と、先日、ある人事担当者から質問を受けました。

私の体感では、**例えば平常の自衛隊で5%ほど。有事の場合など、強いストレスがかかってきたら、あっというまに2割、3割**いってしまうと考えられます。

おそらく、第二次世界大戦末期の日本軍の前線部隊では、現代の基準なら8割、9割くらいの人にパワハラがあったのではないでしょうか。上官が意味もなく部下に鉄拳制裁を加える場面などを、若い人でも映画やドラマで見たことがあると思います。

「はじめに」で書いたように、私は、今のコロナ禍の社会は異常な状態だと思っています。「平時」ではないのです。このことを考えれば、パワハラ案件は今後、増えていくと予想されます。

増えている「リモートハラスメント」

最近、友人から「リモートハラスメント」の話を聞きました。

友人はある企業で支店長を務めているのですが、ある日「全国支店長会議」が開かれ、30人近くがオンラインで一堂に会したそうです。その会議の場で、社長がある一人の支店長を叱責しました。私の友人は、

「やりとりを黙って聞くしかなかった。ものすごい苦痛を感じて、数日間ひきずってしまった」

と話していました。

おそらく、これがリアルの会議だったならば、会議室を出たところで「社長はちょっと言い過ぎだよな」などと言い合い、**支店長同士の「味方工作」**が繰り広げられたでしょう。

ところが、オンラインはブチッと切れて、たちまち一人の環境になってしまいます。友人

は、

「叱責されたのは○○支店だったけれど、もしかしたらうちの支店もだいぶ言われているのでは」

などと急に不安や妄想に襲われたそうです。友人は「精神的にすっかり疲弊した」と言っていました。

リモート環境は雑談やちょっとした会話が減り、コミュニケーションの質と量が圧倒的に下がります。ということは、**他人に対する警戒心が立ち上がりやすい**ということ。もともとよく知っている間柄ならともかく、薄い人間関係ならばなおさらです。警戒心が高まると、お互いに潜在的なイライラが大きくなって、感情も沸き立ちやすくなります。

また、いさかいが生じても、オンラインでは、第三者が割って入るのも難しいものです。離れていても簡単に呼び出されることもあり、**オンライン上でのやりとりは、パワハラの温床になりやすい面があります。**

人は、声の調子や表情、立ち居振る舞い、雰囲気もすべてが大切な「情報」です。リモート会議ばかりでなく、メールやＬＩＮＥも誤解が生まれやすいものです。今はそのリスクを知り、コミュニケーションの工夫をしていくしかありません。

ちなみに、私のメール返信は短めですが、「了解です(^o^)」のように、なるべく顔文字をつけて一工夫しています。ビジネスでそれはない、とか、ダサいなどと揶揄されるかもしれませんが、コミュニケーションミスを起こさないほうが大切だと思っています。

ネットで攻撃された人は、反論せず表舞台から半年、去りなさい

「私たち現代人は、スーツを着た原始人です」と、これまでの拙書でも、表現してきました。衣食住に恵まれた現代でも「中身は原始人」の私たちは、今度はインターネットというツールを手にしました。かつて「火」を得た原始人のように、生活が飛躍的に便利になる一方で、慎重な取り扱いをしないと一気に大火事になってしまう危険性を孕んでいます。

なぜなら、ネットの中では匿名性が高いぶん、感情（本能）がむき出しになりやすいからです。普段おとなしく理知的な人でも、ネットの中では激しく、悪意をむき出しにしてしまう。誹謗中傷の激しいコメントをする人が、実生活では名のある会社に勤めている人だったり、会ってみるとおや？と思うくらい気の弱い人だったりするのは、このためです。

私はネットで炎上したり誹謗中傷を受けたりしてしまった人には「半年間、とにかく表舞台から去りなさい」と助言します。

インターネットは、人間の本能が露わとなる荒野。現代人は基本的に疲れていて、うすいイライラがベースにあるので、怒りの感情が余計に発動しやすい。匿名性も手伝って、

ネットで相手を叩く人は、すでに「自分が正しい」という妄想に乗っ取られています。このような相手に対して、理性で反論をしてもムダ、火に油を注ぐだけです。

ここでもまずやるべきは**現実的に「離れる」、つまり速やかに、ネット環境から離脱すること**です。人の噂も七十五日といいますが、半年も経てば、相手の関心は自然に、別のターゲット探しに向かいます。

僧侶の髙橋美清さんという方がいらっしゃいます。元フリーアナウンサーで、ある関係者の男性からストーカー被害を受けていたのですが、その男性が逮捕後、ほどなくたままの不慮の事故で死亡。そのことでいわれのない激しいネット中傷を受けました。何度も自殺を試みるほど苦しみながら、乗り越えるために僧侶となり比叡山で修行しました。

私は、髙橋さんの体験をテレビのドキュメンタリー番組で知りました。番組を観ながら、髙橋さんが乗り越えられたのには、感ケアの観点から、いくつかのポイントがあると感じました。

もちろん、髙橋さんご自身の芯の強さや、以前から関心があった仏の道の造詣、自分を攻撃していた相手と直接の面会をする勇気など、本人の資質による部分が一番大きな要素です。

加えて、感ケア的な視点からは、比叡山の修行で、ネット環境から決定的に離れられたことが、とても大きなターニングポイントになったのではと想像します。「中傷コメントが嫌なら見なければいい」と警察からは言われたそうですが、被害者本人にとっては大変難しいことです。**原始人モードでは、自分に危害を与える相手は監視しておきたい**からです。

いくら仏教の教えを聞いても、大量の攻撃メールなどに触れれば、自分が攻撃されているという恐怖感、怒りは増していくだけだったと思います。

けれども修行に入ってしまえば、どんなにチェックしたくても、物理的にスマホを見ることができなくなります。**感情が落ち着くための時間をとることができた**のです。

また、修行は当時52歳の髙橋さんには、大変厳しいもので体重は激減、両足の爪はなくなり肋骨にもヒビが入ったとのこと。極限まで追い込まれたのですが、一番の支えは仲間の存在だったそうです。この**修行体験は、髙橋さんの自信（特に39ページの第3の自信）を強く補強した**と思います。怒りのケアのプロセスが大きく進むきっかけになったことと想像します。

その後も、仏教の教えを上手に生かし、「恨みを捨て、許す」という記憶のケアも進めてこられたようです。

髙橋さんは、今は同じようにネットなどでの中傷に苦しむ人の声を聴いたり、安易な書き込みの危険性を訴える講演などを行いながら、前向きに生きていこうと努力されているようです。

ネットで陰謀論にはまった人を改心させられるか?

ネットのトラブルに関して、補足しておきます。

最近は「夫がネットで激しい言葉を書き込んでいた」「妻がある特定サイトの陰謀論にハマッてしまった。どうしたらいいですか」などの相談を受けることもあります。家族として大きなショックを受けている人も多いです。

これに対して、私は、基本的に、

「感情的になっている人に、正しい論理をいくら言っても徒労に終わります。まずはあなた自身の心を保ちましょう。そのうえで普通のおつき合いを継続しましょう」

というスタンスで対応します。

ネットで他者を誹謗中傷しているという明らかに怒りの影響を受けている場合だけでなく、陰謀論のように、何かを強く信じているという場合にも、感情がかかわっています。

あることを「信じる」というプロセスでは、通常、理性コンピュータではなく、感情コン

ピュータが主体として働いているからです。信じる強さを決めているのは感情なのです。**感情によって行動が乗っ取られているとき、単純に理屈で議論しても、相手は攻撃されていると認識するだけで、逆に今の考えに固執してしまいます。**

これまで紹介したように、感ケア5によるケアで外堀から埋めていくしかありません。現実的には、食事や睡眠のケアをすると同時に、相手の主張をとにかく受け止め、自信のケアをします。受け止めるというのは、同意するのではなく、しっかり聞いて、要約し、「そういう考えもある」と否定しないことです。このとき、「でも私は違う」と表明するのは問題ありません。相手を変えようとしないというのがポイントです。

そういうこちらの態度で、相手は「とりあえず攻撃されなかった」と安心できますし、表現する、つまり言葉にすることで少し冷静になれるでしょう。ただ、それで相手がすぐ客観的になったり、改心するほどの効果は期待できません。パワハラの矯正カウンセリングと同じように、**「相手を変える」ことはとても難しく、時間がかかる作業**なのです。

そこで、**現実的なアドバイスとして、先に述べた「ご自身の心を保ち、普通のつき合いをする」ことをお勧め**しているのです。

陰謀論にはまった人、激しいヘイトの感情に乗っ取られている人を、「変えなければ」と焦れば焦るほど、あなたの考えもまた、より感情的に偏ってきます。変えなければ、大変なことになってしまうという「思い込み」が強くなるのです。

さらに、変えよう、変えられると思っていると、その分努力して、消耗し、期待が裏切られて、自分が落ち込みます。疲労と自信低下のため、あなた自身がさらに感情的になるという悪循環。

そうならないためには、**相手を変えることに執着するのではなく、相手と自分を切り離し、自分の心の健康を保つことが大切**です。相手から離れ、体調・疲労のケアをしてください。自分を大切にするため、自分の時間をとり、人に話を聞いてもらってください。

自分を保てると、「変えなくては」と焦る感情的思考からも自由になります。例えば陰謀論を持つ家族であっても、その考えを変えなくても、普通のおつき合い、普通の生活はできるはずです。知恵を出し合えば、いろんな宗教の方が、同じ地域で共生できるのと同じです。

あなた自身が冷静になれば、相手を変えられなくても、「できること」を模索することができます。決して万全でなくても、前進ではあるはずです。

5章

夫婦、親子、職場

——怒りの多発地点での実践的アドバイス

お互い強い怒りを持つ夫婦なら別れればいい

現代人の悩みのほとんどは人間関係から生じます。中でも、特に怒りやイライラが沸き立ちやすいのが、夫婦、親子、職場（仕事）における関係でしょう。まずは、3大「怒りの多発地点」から、「夫婦関係」における傾向と対策を紹介します。

結論からいうと、**夫婦間における怒り対策も、基本通り「離れる」ことが一番。**つまり、強い怒りの解消のためには「離婚をする」のが一番の解決策です。

「簡単に言わないでくださいよ！」

と、反論される方もいらっしゃるかもしれませんが、「怒りのケア」という観点からは、離れることが最も適した行動です。

現代は、夫婦の単位で生きていくメリットがどんどん減っています。昔は、家事育児も大変で、女性の社会進出も少なく、夫婦単位でいたほうが経済的にも社会的にも生きやすかったのです。ところが、今の日本社会では一人で生きていくのも、昔ほど困りません。経済力のある女性も増えましたし、スマホやコンビニがあって生活も便利になり、社会の価値観も多様化して、未婚や離婚も「よくあること」となりました。

実際、生涯独身の男性は4分の1を超えています。また、ここ5年で、結婚は必要ないと答える若者が2倍になっているそうです。**人は本質的に、自由に生きたい生き物**です。私は、20年もしないうちに「結婚するほうが珍しい」時代に入るのではないかと予想しています。

また、そもそも結婚の前提となった「恋愛」という感情は、3年ほどしか続かないという説があります。恋愛感情の目的は「性行為に向かわせ、子孫を残す」ことです。2人の間に子どもが生まれて、ある程度安定する3歳くらいまで育ったら、感情は役割を終えていきます。心と体を乗っ取った情熱もまた自然に消えていくでしょう。つまり、**「いつまでもラブラブな関係」というのは一種の幻想**なのです。

良い同居者、良い仲間として生活することが現実的な目標でしょう。一生ラブラブを努力目標とするぶんには良いのですが、あまりこだわらないほうが良く、そうなったらラッキー、と思うくらいでちょうどいいのです。

というのも、離婚してはいけない、夫婦は愛し合うべき、という**ゴールデンファイル**が強すぎると、相手にも自分にも求めるものが多すぎて、結局イライラが募っていくからです。「別れてもいい」ぐらいにゆるく期待しておくと、案外おだやかな日常になるかもしれません。

ところが、結婚生活には相手がいます。相手は変えられない。パワハラ上司からは離れるのが原則であるように、ひどく攻撃的なパートナーからは、勇気を出して離れるべきです。

そこまでではなくても、もし今、お互いの行動や存在に強いイライラを感じて、それで人生全体を損ねているくらいならば、不毛となりつつある戦いから離脱するという考え方は大いにありかと思います。結婚とは契約ですから、DNAで結ばれている親子関係よりも、縁が切りやすい面もあるでしょう。

とはいえ、メリット、デメリットを、人はそう簡単に割り切れるものではありません。もし今のところ一緒にいたほうが「都合が良い」と判断するのでしたら、せめて日々の生活の中ではおだやかに過ごせるように、自分自身の感情ケアに徹してください。

また、赤の他人が同じ住居に住み、共通の経済基盤を回すわけですから、なるべく平穏であるための工夫は必要です。

夫婦ゲンカになったときなど、だんまりを決めこんで相手を無視すると、自分自身がかえってエネルギーを消耗してしまいます。

ケンカになったら、まずはエスカレートしないうちに、その場を「離れる」。そして、冷静になったらさっさと謝って、国交回復に努める。「相手の性格や態度を変えたい」などの期待値は下げて、お互いが内的エスカレーションを大きくしないように、その都度小さく話し合うようにしていく。そのようにこまめに努力をしたほうが、怒りの暴発防止となるでしょう。簡単に別れられないなら、なおさらこの努力を惜しんではなりません。

先ほど、現代の夫婦はメリットが少ないのなら、悩むより離婚したほうがいいと書きました。しかし、お子さんがいる場合、子どものメンタルヘルスという面では、できるだけ離婚の選択はしない、もしくは先延ばしにしたほうが望ましいとも思います。

子どもが小さいうち、例えば小学生ぐらいまでは、争うお父さん、お母さんを見て、「自分は捨てられるのではないか?」という漠然とした不安を抱えることになります。また、子どもは「お父さんとお母さんが両方いて、自分を守ってくれている」という構造で世界を認識します。一人親の場合は「自分を守ってくれる人」が一人減ることになり、世の中への警戒心をそのぶん多く持つことになります。

離婚するにしても、できれば子どもが中学生くらいに成長し、ある程度自分一人で生きていける自信を持てるまで待ったほうが、良いと思います。

ただこれもバランスです。あまりにもバトルの多い日常なら、別れてどちらかの保護者と平穏に暮らす日々を持ったほうが、子どもも安心するかもしれません。

最後に補足しますと、配偶者が「怒りを撒(ま)き散らす」タイプだった場合は注意してください。**大きな声を出す、モノを壊すなどの威嚇行為や暴力**が見られるケースは、パワハラであり、**DV案件**となるのです。**ひどい言葉の連続も暴力**です。

被害を受けてうつ状態になると、相手を責めるのではなく自分を責め始めることも多くなります。子どもがいる場合、「つらいけど、子どものために」と我慢し続ける人も少なくありません。

自分一人では、客観的な判断ができなくなっていることが多いので、ご自身とお子さんの命を守るためにも、勇気をもって専門機関へ相談をしてみてください。

子育ての怒りが出やすい2つのパターン① 保護者自身が疲れている

「子育てがうまくいかず、自分のイライラや怒りを止められない」

「言うことを聞かない子どもに手をあげてしまった。私はだめな母親だ」

こんな悩みをよく聞きます。子育てで怒りが出やすい原因は、大きく2パターンあると思います。1つ目は、保護者自身が疲れているとき。2つ目は「子どもが、自分の思うように動いてくれない」ときです。

まず、**1つ目、保護者自身の疲労**についてです。

人間は「種」としても、「個体」としても生きのびたいという欲求があります。「種」としては、自分の子どもを熱心に育てようとします。ところが実際の生活の中で、家事や仕事を同時にこなしたり、睡眠不足が続いたりすれば、どうしてもエネルギーは落ちてきます。こうなると**「個体」として自分自身が生きのびるために、自分の子どもを遠ざけたくなったり排除したくなったり**してしまいます。

これはごく当然の現象なのです。暑くなったら汗が出る、緊張したら喉が渇く、体調が悪いと、好きなケーキも食べたくなくなる、これらと同じ動物としての反応。**愛情があるかないか、母性があるかないか、保護者としてのスキルが高いかどうかなどとは、関係がありません。**単に、危険になっている個体（自分）を守ろうとする反応が出ているだけなのです。

極端に疲れてきたら、どんなに情熱や責任を感じている仕事でも意欲が低下し、「私この仕事、合ってないかも」と悩みますが、少し休むと「やっぱり私この仕事好きだわ」と感じるのと同じです。

しかも、今は、昔よりも核家族化が進み、ワンオペ育児（一人での子育て）状態の人も多く、負担がより大きいものとなっています。

疲れてしまった場合は、いや、できるなら**疲れ切ってしまう前に、他の人に手伝ってもらって、しっかり休み、睡眠を取る**ようにしてください。元気を取り戻せば、自然に「子

ども が可愛(かわい)い」と思えるように戻ります。それを、「子どもを可愛いと思えない。私はダメな保護者だ」などと自分を責めてしまっては、ますます自信を失い、疲労を深めてしまいます。

マウンティングは人の本能——ママ友とのつき合い方

いわゆる**「ママ友仲間」とのつき合いで苦しい思いをしている**クライアントも少なくありません。子どもの成長度や、夫などの援助の度合いなど、様々なポイントで「比較」して、落ち込んでしまいがちです。

「比べても仕方ない、比較しないように」と思っても、不安な子育ての中、他者の子育てから情報を得ることも必要なので、どうしても比較は避けられないものと、諦めたほうがよさそうです。そのうえで、少しでも楽になるためのヒントを差し上げます。

まず、ママ友の中には、自分の子育てを暗に自慢する人もいるでしょう。個体として、種として、他の人に勝って生きのびたいという、**いわゆるマウンティングは人の本能**だからです。どの保護者も不安なのです。自分の子育てを自慢することで、その不安を払拭したいのです。だからと言って、あなたがその被害を受ける必要はありません。

他者を思いやる配慮のないマウント・ママ友からは、やはり「離れること」が一番です。

さっさと距離を取りましょう。子どもの遊び相手がいなくなる……と心配する方もいらっしゃいますが、子どもの遊び相手はくるくる変わるもの。それより毎日接するあなたが落ち込んでいるほうが、子どものメンタルにはよほど悪い影響を及ぼすと思います。まずは、あなた自身が普通に明るくいられることを優先しましょう。自分のためでなく、子どものためにです。

もし周囲から孤立してしまった場合は、行政のサービスやインターネットを活用しましょう。昔と違い、その気になれば他の人との交流も広げやすい時代です。子育て情報のサイトや掲示板で、必ず、あなたと同じ悩み、同じ感覚を持っている人が見つかるはずです。「私だけではない」と思えれば孤独感がやわらいで、心理的にも警戒心をゆるめることができるでしょう。

次の対策は、先にも触れましたが「休む」ことです。

ひとは、疲労してくると自信がなくなり、不安になります。するとどうしても他者が気になり「比較」したい気持ちが強くなってきます。しかも、弱っている自分と比較するのですから、普通のレベルの他者を見て、「自分はダメだ」と落ち込んでしまうのです。

この場合も、比較だけを止めることはできません。とにかく体を休めてみてください。すると、少し落ち着き「比較」の目がゆるんできます。

ところが、熱心な保護者によく見られるのですが、**休むことに強い罪悪感**を覚えていたり、「私が休めるわけがない」と頑(かたく)なに思い込んだりしている人も多いです。こういう方々に対しては、「もしなんらかの病気や事故で、あなたが2週間入院を余儀なくされたとしたら、ご家族はどう過ごすと思いますか(最近はコロナになって2週間のホテル隔離も)」と考えてもらいます。

家族はとても困るでしょうが、案外、大人も子どもも、ピンチになるほど、なんとかしようとするものですし、なんとかなるものなのです。そのように考えてみれば、実際に2週間入院するよりも、数日間の休みはきっとハードルが下がるはずです。

疲れている保護者はぜひ「全力で工夫して」休みをとるようにしてください。それが何より子育てのイライラを緩和してくれるでしょう。できれば、数日。できなければ数時間でもいい。自分の時間をとり、寝るなり好きなことをするなりしてみてください。

休みが取れなくても、他者の力を借りることを考えてください。家族、行政、地域の人々、同僚、案外みんな親切です。甘えすぎなければ、とても心強い味方になってくれます。

このことは今、**家族の介護を担っている人も同じ**です。決して自分で背負いすぎず、積極的に人の手やサービスを利用して、疲労を溜めない工夫を心がけてください。

子育ての怒りが出やすい2つのパターン② 親子パワハラ

子育てで怒りが出やすいパターンの**2つ目は、「子どもが、自分の思うように動いてくれない」とき**です。

イライラの根源には、保護者の「自分だったらこうするのに。こうできたのに……」という強い思いがあります。歯磨きや寝る時間、食事など、日々の生活習慣から始まって、勉強やスポーツ、進路にいたるまで、子どもが自分の思うように行動してくれないと、保護者としてはひそかな怒りを抱えることになります。

都内に住む講座生のEさんが、高校生の娘さんとのバトル体験を教えてくれました。娘さんはコロナ禍の中、カナダに長期留学を予定。しかし、その出発1週間前に、「帰国した後の大学受験を考えて、関西にある大学のキャンパスツアーに行く」と言い出したそうです。もともと、慣れない留学準備のサポートに時間を取られていたEさんは、娘さんの行動にカチンときました。

「出発間際、しかもコロナ感染者数も日に日に拡大している中で、少しでも感染リスクを減らした行動をとるべき時期でしょ。万が一にもコロナや風邪に罹患（りかん）して、出発できなかったらどうするつもりなの。しかも、留学から帰ってからでも、大学見学のチャンスは十分あるし、それをなぜ今でないといけないの？」

　これに対して、娘さんは、

「国公立大に行きたいか私大に行きたいかで、留学先での過ごし方が変わってしまうんだってば！　とても重要なことなの！」

　と、キレ気味の反応だったそうです。しかし、Eさんは、今は留学を最優先にすべきだし、そこに考えが至らない娘さんに、どうしても人としての甘さを感じてしまったそうです。話し合いは平行線をたどり、やがて感情的なやりとりに発展。最後は、

「これでコロナにかかって留学がキャンセルになったら、あなたの責任。どうやって責任取るのよ！」

「じゃあ大学行かないで働いて、キャンセル代は全部私が払うから！　だったら文句ないでしょう！」

　と、まさに**「売り言葉に買い言葉」の親子バトル**へと発展してしまったそうです。その後、夫の仲裁もあり、娘さんはキャンパスツアーを断念。数日間かなりムクれたそうですが、予定通り、無事にカナダへと出発したそうです。

「母親として、私は間違っていなかったと今でも思います。でも冷静になれば娘の言い分もわかるし、ここでやめておけともう一人の自分が思うくらい、ガミガミ言ってしまって。

そこは落ち込みます……」

と、Eさんは肩を落としました。

Eさんは「ごく普通のお母さん」です。でも私は、普通のお母さんがごく普通に熱心に子育てをしていると、やってしまいがちな子育ての弊害があると感じました。

基本的に、**保護者は子どもを支配下に置き、コントロールしたいという欲求を持っています。**一方、**子どもは子どもで、自分で人生のチョイスをしたい**、保護者とは違ったことを選びたいという欲求を持っています。**多かれ少なかれ、親子が衝突してしまうのは避けられません。**バトルを繰り返して、少しずつ保護者は手を離していき、子どもは鍛えられて自立していく、**それが保護者と子の成長、健全な姿**だと思ってください。ケンカするから、怒りを持ってしまうからといって、ダメな保護者だということは決してありません。

また子どものことで、保護者はつい一生懸命になるものですが、必死になればなるほど、自分の考えを相手に押し付けることになります。特に母親は子どもの安全や経済（金銭感覚）に関するテーマには、強いこだわりを持つ傾向があるようです。

この自然な親子バトルですが、通常、子どものほうがストレスを強く感じます。それは、上下関係がはっきりしているからです。子どもは、金銭面でも生活面でも、保護者に依存しています。これは会社で社員が上司に主導権を握られているのと似ています。優越的地位を背景に相手につらいことを強要していくのがパラハラなら、**子育てでも、パワハラが生じやすい**のです。

親子関係で親に求められる、たった1つのコツ

それでは、親子関係をパワハラにしないためにはどうすればいいのでしょうか。

ここでもまず、大きい視点から言うと、**保護者が疲労を溜めていないことが重要**です。**保護者が疲れていると、どうしても大きな目で見られなくなります。**

今回も、おそらくEさんは、自分の忙しい仕事のかたわら、留学準備をすすめてかなり疲れていたのではないでしょうか。そのうえ、関西のキャンパスツアーの世話までかかるとなると、個体としてのEさんが、「ちょっと待ってよ」と抗議を始めたのでしょう。

子育ては、子どもが小さいときには、大変手のかかるものであり、大きくなると価値観のぶつかり合いです。いずれにしてもそれ自体が大変エネルギーを消耗するもの。仕事や家事でただでさえ疲れている保護者は、子育てで子どもが素直に言うことを聞いてくれないとき、一気に疲労感が募ります。するとそのときの疲れの原因である子どもに、言うことを聞かせようと怒りで威圧しようとしてしまうのです。これが続くと親子パワハラです。

ですから、とにかく**保護者は、子育てでイライラしたときは、まず自分ケア**です。

そして同じように、**「言うことを聞かない子ども」の状態も、疲労の目から見てあげてください**。単なる怠惰やわがまま、固執に見えて、疲れている症状かもしれないのです。今どきの子どもは、いろいろなことで疲れているのです。眠れているかを聞き、食欲などを観察してみてください。好きなこともやらなくなっているのであれば、かなり疲労を溜めている可能性があります。

さて、Eさんのように、何か問題やトラブルが生じたとき、双方が怒りの応酬にならないためのコツです。**保護者はまず子どもの言い分を「全部聞く」**ように心がけてください。子育ての間は、まだ保護者のほうが理性的なことが多いので、保護者が工夫するほうが現実的です。

「子どもの話を聞くのが大切」ということはほとんどの保護者が理解していますが、実際には、子どもの話を聞いているようで聞いていない方が多いようです。外見上は聞いているようにしていて、頭の中では、どう説得しよう、どう教育しよう、どうアドバイスしようと、自分が次に発言する内容を考えてませんか。

その態度を、子どもは敏感に察します。自分が発言しても、すぐに否定されるからです。そうなると、子どもは何も話す気がなくなります。

そこで、保護者はとにかく、子どもが思っていること、感じていること、考えていることとを全部聞く、という覚悟を持って、話を聞いてほしいのです。

子どもが、主要なことはほとんど伝えられたと感じるまで、一つひとつの言葉に注目し、うなずき、要約し、さらに詳しく聞くための質問を投げかけてください。こちらからは決して誘導したり、批評したり、話をまとめて、結論を急いだりしてはいけません。

子どもの気持ちを全部聞けた感じがしたら、そこで初めて、同じDNAを持つ人生の先輩として、自分の体験談や、これからできそうな行動のプラン、その**シミュレーションを複数示してあげます**。そして、**最後は、子ども自身が行動を1つ選択できるようにして、その決心を保護者は全力で支えてあげる**ようにすれば良いのです。

Eさんのケースで振り返るなら、母娘でもめたタイミングで、母親のほうが一歩引いて、このプロセスを進めてみるとよいでしょう。そして、娘さんの選択を（キャンパスツアーに行くにしても行かないにしても）、尊重してあげるのです。母親としては勇気がいりますが、娘さんは**「自分の欲求に従い、自分の行動を自分で選ぶ」という人生の大切なトレーニング**をするのです。

もし娘さんがキャンパスツアーに行って体調を崩し、そのせいで出発が延期や中止になったとします。Eさんとしては、「だから言ったのに！」と、怒りたくなる事態です。しかし、その3段階の怒りの言葉は飲み込んで欲しいのです。**子どもが挫折したときは、親**

は黙って味方でいてあげて、決して見捨てない態度を示すべきだと思います。責め立てれば子どもは深く傷つき、親子関係にも、しこりが残ります。キャンセル代についても、「あなたが責任を取ると言ったでしょう」と正論で責めないでください。娘さんも感情の3段階で発言した内容です。たしかに社会的には責任を問われることでしょうが、勝ち負けにこだわらず、今の状況の中でどうするかをもう一度冷静に話し合えばいいのです。

子育てのピンチは何度も訪れます。しかし、幼児であっても高校生であっても、「親は、どんなときも味方でいてくれる」というメッセージさえ、言葉だけでなく態度や雰囲気も含めて伝えられれば大丈夫です。このような有形無形のメッセージは、やがて子どもの「自信」となってメンタル面を支え、この後の長い人生をも支えていくでしょう。

親子バトルは避けられません。むしろ何度でもぶつかり合ったらいいのです。しかし、それを「親子パワハラ」にしてしまうのか、それとも、子どもが自分で行動を選ぶ練習のチャンスと捉えるのか――。怒りに乗っ取られていないときに、ぜひあなた自身が、よく検証してみてください。

「頑張らせること」重視の子育ては危険

今まさに子育てをしている人に私がお伝えしたいこと。それは、何も考えずに「熱心に子育て」をすると、保護者のその熱意が逆に、お子さんを将来、生きづらくさせてしまう可能性がある、ということです。

多くの保護者は、「子どもには頑張らせなくてはいけない」と信じています。

一般的に、スポーツでも勉強でも趣味でも**「頑張る子」がよし**とされ、嫌なことがあっても、逃げずに立ち向かう態度こそ立派だとされています。これは**今の保護者の世代が無意識にもっている「ゴールデンファイル」**です。

確かにとても重要な要素だとは思います。しかし、時代の変化を考慮すると、そこに少しずつミスマッチが起きているようです。ストレートに言うと、「頑張る」は時代遅れの価値観になりつつあり、お子さんが将来大人になったときに生きづらくさせてしまう可能性さえあるのです。

そもそも原始人モードで考えれば、**子どもたちに最初に教えるべきは「怖い動物が来たら逃げろ」**です。大きな猛獣がやってきたら、逃げたり、大声で助けを求めたりしなければ、襲われてしまうだけです。

怖いことがあっても立ち向かうとか、諦めないで頑張るという方向性は、それこそ敵が弱く、守ってくれる仲間がいて、自分にスキルがあり、疲れてもいないときだけ、つまり生き物として「とても条件が良いとき」のみに通用することです。

人生はそんな条件のいいときばかりではありません。これからの時代は、自立、自己責任の時代でもあります。言い換えると一人で戦わなければならない時代です。しかも、今まで通用してきたスキルが効かないぐらい変化が激しい。どんな強敵や環境の変化が子どもの未来に待ち構えているか、わからないのです。

仕事でも、頑張って続けなければ大成しない時代なら、続けることに意味はありました。これからは、転職も当たり前の時代です。ただ続けることだけにこだわると、ブラック企業から逃げ遅れます。

そんな時代を生きる今の子どもたちにまず教えるべきは、①逃げること、②助けを求めること、③できないと言うことの3点です。この3点を教えた上で**条件が揃った良い環境ならば、少し頑張ることを教える**、くらいがちょうど良いのです。「頑張る」はエネルギーを使うこと。条件が悪いなら、そもそも動かないか、全力で逃げるほうが、生き物として生存率は高くなります。

習い事もすぐにやめたっていい

頑張る頑張らない以外にも、社会の変化に伴って、これまで大切にしてきた価値観が通用しにくくなってきています。

例えば、何か始めるときにきちんと準備してやるか、それとも勢いで始めてしまうか。お子さんが習い事を始めようとするときに、**きちんと情報収集して何をするかを分析し、本人の意思を「すぐやめたいとか言っちゃダメだぞ」などと確認する**保護者も多いでしょう。

少し前のビジネスマンは、「PDCAサイクル」、すなわちPlan（計画）・Do（実行）・Check（評価）・Action（改善）をよく教育されました。何か物事を始めるときは、前例、実績を検討しきちんと計画を立て、それを実行し、計画通りに進まないところを改善していく態度が良しとされたのです。しかし今は、社会の変化が大きすぎて、計画している間、実行して評価している間に、どんどん状況が変化しているという時代です。

安全で変化の少ない環境での思考は、ＰＤＣＡサイクルで問題ありません。

しかし、**これから大人になる子どもたちには、「OODAループ」的思考と行動**も教えなくてはいけないと思っています。「ＯＯＤＡループ」とは、Observe（観察）・Orient（当たりをつける）・Decide（分析・検討）・Act（行動）です。**簡単に言うと試行錯誤。**よく現状を観察し、その流れのポイントに当たりをつけ、良く分析・検討し、やってみる。そしてそれをまた観察するというループです。

習い事なら、とりあえず始めてみる。

1年かけて準備しても、そのときには、いわゆる流行(はや)りが終わっているかもしれません。英語だってプログラミングだって、ブームはいつ終わるかわからないのです。子どもが興味を持ってやりたいと思うことがあれば、まず始めてみる。そして保護者と子ども自身で観察してみるのです。楽しい、楽しくないのポイントが見つかれば、それを続けるか、やめるかを決めることもできます。OODAを回す練習です。

このように、**試行錯誤しながら変化に合わせるときは、始めることより、やめるときのほうが難しくなります。**そして、**そのときの保護者のサポートが重要**になります。というのも、やめるときは、多かれ少なかれ挫折感や、失敗感、時間とお金を無駄にしてしまったという自責などネガティブな感情を持つからです。逆にそれを感じたくなくて「続ける」という選択をすることもあります。

これからは、やめるときにいかに**「軽やかにやめて、軽やかに次に移るか」**が大切になります。**やめることにいちいち大きな罪悪感を持ってしまうと、これから先の人生、激しい変化の波に乗り遅れてしまいます。**

ですから、子どもが何かをやめるとき、諦めるとき、保護者がきちんと関わって、子どもの自責や自信の低下をきちんとフォローし、軽やかな転進を後押ししてほしいのです。

20年後には、AIが多くの仕事をやるといいます。時代の変化のスピードはすさまじい。

いつまでも会議をしている「小田原評定」の軍隊は負けます。話し合っている間に時間が過ぎ、戦況が変わってしまうからです。迷ったときはサイコロでも振って、攻撃か防御かをパッと決めて、具体的な準備や行動に時間をかけるほうが断然実戦的であり、結果的に勝つ可能性が高いのです。

カウンセリングをしていると、会社を辞めるか辞めないか、離婚するかしないか、人生の選択の場面にもよく立ち会います。しかし、私は**悩む時間が長引くくらいなら「サイコロを振って決めてもいい」**と教えています。疲れているときは、いくら考えようとしても、頭は回りません。それよりは、行動して新しい情報を得たほうが、次の選択の質も上がります。

これからの30年の変化は、人類が経験したことのない激しさです。コロナ禍でその兆しを体感した人も多いと思いますが、今の大人たちが生きてきた、これまでの30年の比ではありません。**自分の価値観で漠然と子育てするのではなく、時代の変化を考慮した、意識的な子育てをしないといけないときだと思う**のです。そしてそのほうが、保護者自身も「熱心な子育て」で自分がイライラすることも少なくなるでしょう。

職場は役割の戦場、バトルも多い「怒りの多発地帯」

「職場」もまた、怒りの多発地帯です。

職場とは「上下関係」で構成されていて、また仕事の負担に対して、自分の取り分、「報酬」をもらうシステムで動いています。エネルギーを大事にする原始人的感覚で、**自分は負担に見合った報酬を受け取っているか**（＝**期待**）、**他と比べて損をしていないか**（＝**比較**）、**という警戒心が常に立ち上がっている状態**です。ですから、多かれ少なかれ、職場とはそもそもイライラが誘発されやすい場なのです。

「残業をしていると、隣のチームは早く帰っていて、ラクをしているように見えてしまう。うちのチームは不遇なのでは」

「私はキリキリやっているのに、いつも、のん気にしているあいつのほうが昇進するとはどういうことか」

などと、職場では他のメンバーへの疑心暗鬼の目も生まれやすいものです。

特に、**担当が明快でない「中間の仕事」は、誰も手を出したくないので、もんもんとした冷戦状態になりやすい**。もし自分がやることになれば、ものすごく損をした気にもなります。これを私は**「役割の戦場」**と呼んでいますが、組織が大きくなるほど、誰が何をやっているのか見えづらくなって、中間の仕事の担当（役割）をめぐるバトルも多発するでしょう。

負担に対して、受け取る報酬が潤沢だったり、自分自身のエネルギーに余裕があるときは、会社でイヤなことが起こっても、家に帰ったら案外忘れられたり、同僚と愚痴を言い合ったりして、スルーしていけます。

しかし逆に、報酬が少なく、疲労が強くなっている状態では、ささいなことでも「自分がソンをさせられているのでは」とイライラして、原因究明をしたくなります。

「うちのチームばかり残業しているのは、会社の組織編成に問題があるのでは」

「あいつがラクをしているのは、上司の指導に問題があるのでは」

などという発想になっていきます。しかも、ひとたび原因らしいことに思い当たれば、「会社が悪い」「あの上司が悪い」と考え続けて、どんどん思考も狭まっていくでしょう。**怒りの感情に乗っ取られて、倒すべき相手に視点と思考が集中していく**からです。

もし今あなたが、会社や職場の人間関係に対する怒りが溜まり、苦しんでいるのならば、いったん原因究明は停止して、代わりに「自分自身のエネルギーをケアする」という発想を持ってみてください。具体的には感ケア5の、「体調・蓄積疲労（32ページ）」の切り口で、自分自身のエネルギー状態を見つめ直すと良いでしょう。

しっかり休んで疲労が回復したら、他のチームの残業状況も、働かない後輩の存在もあまり気にならなくなることは、よくあることです。

組織の力が急激に低下するターニングポイント

個人レベルばかりでなく、組織レベルでも「余裕がない」状態に入ると、メンバー間のイライラ、怒りが多発し、バトルが起きやすくなります。

私は、様々な要因によって**メンバーの3分の1が疲労の2段階にあると、組織の力は急激に低下する**と思っています。その状態にある職場を**「2段階職場」**と呼んでいます。その特徴的な雰囲気は次のようなものです。

「2段階職場」の雰囲気

・挨拶が暗い、笑いが減る、愚痴が増える
・残業が多くなる、ところどころで仕事が溜まる、遅くなる
・言った、言わないなどのトラブルが増える
・仕事上のミスが増える、ミスへの当たりが強くなる
・仕事を押し付けあう、手伝わない、いちいち意義を求める
・不公平感に過敏
・少しの変更に対応できない、予定を知りたがる

・小まめな「ホウレンソウ」ができなくなる、嘘が多くなる
・人間関係のトラブルが多くなる、他人の悪口が増える
・部内派閥ができる、他部署との対立が多くなる
・パワハラ、セクハラ、いじめ等のトラブルが増える
・リーダーへの期待（不満）が高まる

2段階職場で最も特徴的なのが、「人間関係の悪化」です。

組織内の人間関係トラブルは、組織が普通の状態でも起こります。先に触れた通り、職場は、「怒りの多発地帯」。また人は「他人に勝ちたい」のが本能。出世をかけた競争が激しくなれば、他者に対する妬みなども生じやすいでしょう。さらに、個人だけでなく、出世をかけて派閥が対立するのも、ありがちな人間の姿ではあります。

しかし、経営の悪化、多忙、人材不足、不祥事、将来性がないなどで、2段階職場となった現場では、必要以上に人間関係がギスギスして、トラブルが顕在化します。

こうなると、「調子が悪いと原因究明をしたがる」ことの1つで、**「あの人が悪い」と組織内における「スケープゴート」**も生まれやすくなってしまいます。

疲労の2段階により、多くの人が理由もなくイライラしている状態の中で、共通の攻撃

対象が一人いれば、少なくともその間は、怒りの矛先が自分には向かってこないことを意味します。生き残るために、人はスケープゴートを仕立てあげることで、自分自身を防御しようとするのです。「いじめ」が起きたとき、見て見ぬふりをしてしまう構造と同じです。逆に言えば、組織が健全で強いときは、スケープゴートは生じません。

強い組織に不可欠な2つの要素

それでは、組織はどのようにしたら健全になれるでしょうか。

いつも元気で絶対に疲れない人だけ集めれば、まずスケープゴートは生まれないでしょう。しかし、そんな人は世の中にはいません。いるならばそれはすでに人間ではなく、ロボットに違いありません。

組織とは生身の人間の集まり。上司であっても部下であっても、日々、疲労の大波小波をやり過ごしながら生きています。

まずは**生身の人間とは「疲れるものなのだ」と認識する**こと。他のメンバーも、そしてあなた自身も**エネルギーには限界がある**のです。

また、組織内の疑心暗鬼ムードは、少なからずお互いの情報不足からくることが多いのです。**ネガティブな雰囲気は、ちょっとしたコミュニケーションの積み重ねで、驚くほど**

解消されます。

もし上司の顔色が悪かったら、「売り上げが悪いのか」「私のミスのせいで機嫌が悪いのか」などと考えてしまいますが、風邪気味だと知っていれば「大丈夫かな」といたわりの気持ちが生まれるでしょう。部下が提出してきたレポートを見て、あまりよくない出来だったとしても、作成に四苦八苦している姿を見ているか見ていないかで、心証が大きく変わることもあります。

2段階職場では、仕事を回すことだけで精一杯、とても休養をとったり、相互のコミュニケーションに時間を割く余裕はない、と感じるのが普通です。ところが、そこであえて、**仕事として「休憩」と「相互のコミュニケーション」を入れこまなければならない**のです。

これは、**戦場という厳しい環境でも、全滅する部隊とそうでない部隊を分けることになる重要なポイントの1つ**なのです。

危機に瀕(ひん)した部隊の長がやらなければならないもう1つの決断が、「やらない業務」を決めることです。「休養してくれ、自分で仕事量を減らしてくれ」と言うだけでは何も進みません。トップが、これはやらなくていい、と明言しないと、業務量は減らないのです。

もちろん業務量が減れば、成績も下がります。その責任を負うからこそ上司としての給料と尊敬をもらっているのです。

組織が普通の状態のときは、人間関係も疲労のコントロールもメンバーに任せておけば大きな問題になりません。しかし、2段階職場になったら、その長が覚悟を決めないといけないのです。メンバーはそれを知っているので、何も手を打たない上司には、怒りが向きます。

ちなみに、2段階職場になると、通常のメンタルヘルスケアも崩壊します。通常、不調者をいち早く見つけ、休養などの対応をするのですが、これを2段階職場でやると、一人の不調者を休ませると、その分の仕事を余裕のないメンバーでフォローせざるを得ず、結局三名の不調者が出るということになるのです。通常のメンタルヘルスケアで何とかできるものではありません。

2段階職場の場合、組織全体の怒りを抑えるには、小手先の対処より、上司の腹決めが重要になります。

「退却」は軽やかに、なるべく元気なうちに

もしあなたが勤めている職場で「スケープゴート」やいじめなど、怒りによるトラブルが起きていて、上司も何もせず、とても健全とは言い難い状態ならば、自分自身の進退をどのように考えたらいいでしょうか。

そういう現場にいると、被害者や傍観者であっても、自分の中に「怒り」が発動することは以前にお伝えしました。そして**怒りは、自分自身をむしばみ始めます。**

怒りへの対処プロセス①は、「刺激から離れる」です。もし、社会情勢や業界の構造上、会社の状況が改善しないのが自明であれば、退社を検討したほうがいいでしょう。

しかし職場を辞める決断をするか、しないか、見極めは大変難しいものがありますし、人それぞれの人生により、様々な要素が関わり合います。

仕事の負担に対して、自分の報酬がどうなっているか、というバランスが、職場においてはとても大切です。しかし、人にとって「報酬」とは、単に給料や収入面などお金のことだけではありません。社会的なステータスや、大切な人間関係、やりがい、充実感、あるいは将来性なども含みます。待遇面がどんなに良くても、多くの人はそれだけでは働き続けられません。精神的な充足感が得られない仕事は、やがて負担感だけになります。

これを機に、自分の大切にしているものをきちんと洗い出してみましょう。

また、**知っておいてほしいのは、もし本人がすでに疲労の3段階、つまり「うつ状態」になっていると、そう簡単には辞められなくなる、というメカニズム**です。

疲れ切った状態では、「今の継続を捨てる」という行動も、大変なエネルギーを要するからです。現在勤めている会社がブラック企業で、本人はそのせいで疲れているのに、当の本人が辞めたがらないというケースはとても多いのです。

「退却する」という選択は、元気な状態でないと決断できないこと。今の時点で、職場が自分自身を消耗させていると思うならば、自分自身のエネルギーが本当に枯渇してしまう前に、早め早めに「離れる」選択肢を考えたほうがいいでしょう。

もうすでに、自分では決められない状態に陥ってしまっている場合は、ぜひまだ健全な方に相談してみてください。

さて、ここまで、夫婦、親子、職場と、3大「怒りの多発地帯」において、それぞれ気をつけたいポイントを解説してきました。

いずれの関係においても、基本的には、**相手を変えることは難しく、変えられるのは自分自身のみ。しっかりと自分自身の怒りケアにつとめてください。**

しかし一方で、あなたの夫や妻、子ども、あるいは部下や同僚、上司を見ていて、「なんとなくあの人、最近イライラしているみたいだな」と、感じることもあるでしょう。

そのときは、感ケア5を思い出し、**「離れてみたら？」「休んでみたら？」**などと声かけをしてあげましょう。例えば上司の立場なら、部下にしっかりと有給休暇を取ってもらうなど、相手が休めるように気遣ってあげるのはとても大事なことです。

身近な人がおだやかになることは、あなた自身の怒りのケアにもなりますし、家族として職場として、健全さを取り戻していけます。

6章

抱えてしまった恨みは消せるか？

——できること、できないことを見極める

老いと同じように、「恨み」も受け入れるしかない

「あの人だけはどうしても許せない！」

傷つけあった出来事はすでに過去のものとなり、当事者である「あの人」もケロリと忘れて生活しているはず。しかし、自分だけはいつまでも感情が滞り、立ち止まっている……。怒りの感情がやがて「恨み」となり、消したくても消せない記憶で苦しいとき、私たちはどのように消化したら良いのでしょうか。

「恨みを持っていても、なにもいいことはない。恨みは手放そう」と宗教や自己啓発本は教えてくれます。それは誰もが十分理解し、本当に手放せるものならそうしたい。でも、なかなかできないものです。

というのも、「恨み」のメカニズムからいうと、「手放す」は、かなり無理のある課題であるからです。

ここで、突然ですが、かけ算の九九の「2の段」を唱えてみてください。2×1＝2（にいちがに）、2×2＝4（ににんがし）、2×3＝6（にさんがろく）、2×4＝8（にしがはち）……。多くの人がまるで呪文のように、自動的に唱えることができるのではないで

しょうか。

逆に、「九九を一切忘れてください、絶対に思い出してはいけません」と言われても、それは大変難しいことです。不意に「2×2＝（ににんが）？」と聞かれたら、「4（し）」と思わず答えてしまいますね。かけ算の九九は、子どもの頃に、教室でもお風呂でもひたすら唱えて、体に染み込ませた記憶だからです。

さて、なぜこのような話をしたのかというと、「恨み」の記憶も、かけ算の九九と同じようなものだからです。

これまで記してきたように、私は恨みのことを「防衛記憶」と呼んでいます。「恨み」とは、原始人モードで自分を殺すかもしれない相手を記憶しておくことで、自分を守ろうとするものです。

パワハラされた、いじめを受けた、ケンカをしてしまったなどの出来事で強い感情が発動したとき、本能では「生存を脅かされた出来事」だと認識します。「敵」に関するデータは重要で、決して**忘れてはならない記憶**として刻みこもうとします。出来事を思い出したり、相手の顔を見たりするたびに、何度も「復習」して、体に染み込ませているのです。そして一度できた防衛記憶は、基本的には、一生その人を守るために残っていくものです。

ちなみに、つらい出来事の後で、フラッシュバックなど、いわゆるＰＴＳＤの症状に悩まされる人もいますが、これは「またつらい目に遭うかもしれないから、気をつけて！」と、記憶が本人を守ろうとして、今でも、警戒を呼びかけてくれるものです。思い出しては、当時と同じような反応が出てしまい、とてもつらいものですが、それも「命を失わないようにするための反応」なのです。決してその人が壊れたわけではありません。

「恨み」は一度育ってしまったら、基本的には受け入れるしかありません。誰しも年を重ねれば、肌にシミやシワができたり、体力が落ちたりする老化現象が現れます。嫌なものですが、避けられません。それと同じように、生きている時間が長いと、危険な事態に遭遇し、PTSDとまで強い反応はなくても、「恨み」は増えてしまうのです。抗(あらが)っても仕方のない自然の摂理です。

だから、**「あの人だけは許せない」と思う自分がいても、あまり責めないこと**です。恨みだけでも十分につらいのに、**恨みを消せない自分へのダメ出しが加わると、さらに苦しさを積み重ねるだけ**です。だから、恨んでいい。恨みが消えなくてもいい。

とはいえ、恨みを持ちながら生きるのはやはりつらいことなので、少しでも何とかしたいものです。そこで、恨みとのつき合い方のヒントをお伝えします。

まず記憶ではなく今の自分をケアする

記憶で苦しむ人は、どうしてもその記憶を何とかしたいと考えてしまいます。しかし、これまで述べたように、防衛記憶は、強烈に記憶されており、基本「消えない」ものなのです。また、記憶は過去のことなので、いくらさかのぼってあれこれ考えても、実際の歴史を変えることもできません。

実は、現実的に有効な対処は、変えにくい記憶にアプローチするのではなく、現在の自分をケアすることなのです。

恨みの記憶自体が変わらなくても、思い出す現在のあなたの状態を良くすることにより、過去を見る目が変わるので、結果的に恨みを軽く感じるようになります。

感ケア5の中では、**「体調・蓄積疲労のケア」**と**「自信のケア」**が有効です。

疲労のコントロールをして、できるだけ1段階にいるようにしてください。

恨みを思い出して苦しい、恨みで身近な人に当たってしまうならば、現在、あなた自身のエネルギーレベルが落ちている可能性があります。疲労が深まると、世の中に対する漠然とした警戒心が上がり、その目で記憶を検索するので、どうしても防衛記憶を呼び出すことが増えてしまうのです。思い当たるならば、変えられない過去ばかりに目を向けるよりも、しっかり睡眠や休養をとるようにしましょう。

自信のケアで有効なのは、39ページで紹介した**第2、第3の自信のケア**です。若々しくいることと、仲間がいるという感覚を持ちたいものです。具体的には、適度な（楽しいと感じる）運動や何らかのグループ活動をすることをお勧めします。**ボランティア活動などは、自信の補強にとても効果があります。**

恨みで苦しむ人のメカニズム

「現在の自分ケア」をしたうえで、次にできるのが、防衛記憶をこれ以上増加させず（育てず）、風化のプロセスに持ってくることです。

これまで紹介してきたように、私は恨みのことを「防衛記憶」と呼んでいます。自分を守ろうとする記憶だからです。

中でも強く残っている防衛記憶は、その出来事がもう二度と起こりえない過去のことではなく、またすぐ遭遇するかもしれない「現在進行形の危険」だと認識している記憶です。**恨みで悩む人にとって、過去のトラブルは、現在も続いているトラブルなのです。**

恨みに苦しむ人の多くは、その刺激を1日に何度も思い返しています。外的刺激によって思い返すこともありますし、記憶の中だけで思い返すこともあります。いずれにしても、思い返しの頻度、つまり情報の使用頻度が高いので、忘れないし、今も続く危機と認識されます。思い出すたび警備隊長が出動し、強い怒りを生じさせ、現在の自分を守ろうとするのですが、本人としては、日常生活と関係なく、急激に警戒モードに突き落とされ、しばらくはその思考から離れられないので、とてもつらいものです。

防衛記憶は、思い返された直後は、危険当時の状態、つまり3段階で警戒させます。思考も敵の危険で邪悪な部分だけにフォーカスされます。当時の緊迫した状況や敵の攻撃などが鮮明にイメージされ、映画のように再演されます。警備隊長の対応シミュレーション（110ページ参照）が始まるのです。

これが現実の危険ならば、警戒を続けることに意味もあり、2段階の状態で監視している間に相手の危険度が薄れていく様子も観察され、自然に1段階に落ち着きます。

ところが、記憶の思い返しの場合、現実ではないので本人は必死に「忘れよう」とします。3段階の危険な映画がしばらく上映され、そこに飲み込まれたまま、ぶちっと映画が切られる感じです。怖い敵が薄れていく結末部分がない。一番怖いシーンだけを何度も観ている状態なので、思い出すたび危険な部分だけが強調され、防衛記憶が育ってしまうのです。

少なくとも、これ以上育つことは防止したいものです。

防衛記憶の増加を防ぐために最も重要なのは、繰り返しになりますが、**現在の自分ケア**です。蓄積疲労によって2段階になってしまうと、あらゆる刺激を2倍で受けて感情が発動します。思い返して記憶にアクセスするときも、２倍の危険度で感じるので、防衛記憶が育ちやすいのです。

日常イライラしにくい体質を作るためにも、過去のつらい記憶を育てないようにするためにも、現代人にとって蓄積疲労の予防は一番重要なことなのです。

そして、防衛記憶を増やさないだけでなく、できれば防衛記憶が少しでも「風化」するようにしたいものです。

通常、記憶は、使用されないと情報としての価値がないので、忘却のプロセスに乗ります。英語などは日常使わなければすぐに忘れます。先の九九だって、７の段は、かなり怪しいものです。強固な防衛記憶でも、その後に類似の危険がなければ、安全な時間が過ぎるにつれ、「情報」としての価値が薄れるので、少しずつではありますが忘却のプロセスに乗っていくものです。これを**「防衛記憶の風化」**と呼びます。長い旅ですが、少しずつでも進んでいきたい目標です。

記憶を消そうとせず、共存しながら新しいことをする

風化を狙うときの基本戦略は、その**記憶を忘れようと努力しないことです**。忘れよう、思い出さないようにしようとすればするほど、逆にその記憶に注目してしまい、警備隊長が「危険人物」として、明確に覚えてしまうのです。風化に向かうには、その他のことに注意を向ける（そらす）ことが重要です。

防衛記憶を育てず、風化を狙うとき、2つのケースで少し手順が変わります。

2つのケースとは、一度だけのつらい体験が恨みとして残っている場合と、家族や職場の人など、今もつき合わなければならない人からの行為が、長期的かつ何重にも重なって複合的な恨みになっている場合です。

一度だけの恨みの場合、そのことを思い出す刺激からできるだけ距離を取るようにしたいものです。具体的には、転職や引越しをするなどして、思い出しの「きっかけ刺激」から距離を取ります。結婚したり、就職したり、子どもや孫を持つなどしたりして、ライフステージが変化することで、いつのまにか気にならなくなっていく人もいます。

日常では、仕事や楽しみに集中できると、思い返しの機会が減ると思います。**記憶を消そうとするのではなく、共存しつつ、新しいことや人と触れ合うことにチャレンジ**してみてください。

また、思い出してしまうときも、そのまま3段階にとどまって、考え続けるのではなく、できるだけ早く2段階以下の状態に切り替えていくことが大切です。映画が始まったら、観たいという欲求もある（警備隊長はシミュレーションしたい）のですが、とにかくできるだけ早く映画から目をそらすのです。これにはある程度の訓練が必要です。このとき、力ずくで映画を消す（止める、忘れる）ことにこだわらず、映画は流れていても、視線（注意）をほかのものに向けるような感じにする、つまりそらすことがコツになります。

体をゆるめる、スマホで興味深い動画を見る、人と話す、音楽を聴く、運動をする、深呼吸するなど、注意をそらしやすい方法を探してほしいと思います。

それでもつらい思い返しが続き、日常生活が送りにくいようなら、医療やセラピーを活用するといいでしょう。

複合的な恨みは、怒り対処の6つのプロセスを繰り返す

一方、複合的な恨みになっている方は、家族や職場などで、怒りの対象と距離を取ることが難しい場合が多いでしょう。また、単純に攻撃してくる人に対する防衛記憶でなく、「守ってくれなかった」という防衛記憶に苦しむ人も多いものです。守ってくれるべき家族、配偶者、上司、友人などが、「あのときわかってくれなかった」ことに強く傷ついてしまったのです。

これらの怒りは、今もその人とのつき合いが続いていることが多く、なかなか過去の怒りに収束していきにくいものです。この場合、風化は狙えません。それより、防衛記憶をこれ以上育てないことに全力を尽くすことです。

現在ケアを徹底するとともに、**少しでもいいので対象からの距離を取ることに最大の工夫をしてください。**感ケア5の「刺激」へのケアです。**物理的、時間的、イメージ的に距離を取る**のです。

家庭内なら、自分の部屋を持つ、生活時間を分ける、外出する機会を増やす、別居（独立）してみる、自分の時間を確保する。介護の場なら、他者に頼む、行政サービスを活用する。職場なら、最低限の仕事のつき合いにする、相手が見えないデスク配置にする、リモートワークにする、部署異動を願ってみるなどです。

そのうえで、3章で紹介した、**怒りに対処する6つのプロセスのサイクルを回しまくります。**

恨みの対象への怒りに対して、「忘れる」「我慢をする」だけで対処してしまうと、消耗するだけでなく、確実に恨みが育ちます。現実に会ったり、また声や気配を感じたりするだけで、嫌悪感が積み上がり、表面上は平気にしていても、ずっと相手を見張っているような状態になるのです。そうして「敵ウオッチ」をしている以上、新しい情報も入りやすくなり、相手のちょっとした言動も気に障るようになってしまいます。

すると、例えば、

「また、大量の食材を買ってくる。簡単な料理しかしない私への嫌がらせか」

「掃除機をかけているのに、自分は寝転がっているだけ。この人はいつも私を苦しめている」

などと、恨みがどんどんアップデートされていってしまうわけです。

ですから、**1回1回のイライラ事象を、できるだけ6つのプロセスで捉えて過ごしてください。**防衛記憶は残ったままでも、なんとか平穏な関係を保つことを目標にしましょう。それでも、その関係を維持することに疲れてしまったら、機を見て「離れる」タイミングを探すとよいでしょう。

どうしても離れられない場合は、これ以上自分も相手も変えようとする努力を放棄するとよいと思います。苦しいけれど、変えられないものは変えない。それを変えようとする努力で余計に苦しむのだけは避ける、という例の方策です。そうすると、まだマシな状態には持っていけるでしょう。


一発で悩みが解消するセラピーは、この世に存在しない

恨みに悩む方は、やはりどうしても、記憶を変えたい、根本的に対処したいものです。

そして、それに応えるセラピーもあり、私も時々行います。

セラピーの基本戦略は、つらい刺激に「慣れる」ということと「解釈しなおす（記憶の上書き）」という作業を並行して行うことです。専門的になるので、ここでは割愛します。というのも、読者の期待を裏切るようですが、本書でお伝えしたいのは、記憶を取り扱うことの難しさです。

結論から言うと**「恨み」の記憶は、基本的には触らず、風化を待つのが現実的には最も有効**だと思っています。

セラピーは、かなりの負担と時間がかかる割に、期待通りに進まないことが多いのです。多くの方は、「〇〇さえやれば、すぐ効果が出る」という**万能ツールを求めたがります。**凄腕セラピストのセッションを受ければつらさを解消できるとか、紙に書き出したり分析をしたりなど「〇〇セラピー」で心をスッキリさせる、などです。テレビやＹｏｕＴｕｂｅなどでも、その様子が紹介され、それを見ると、「私も……」と思いたくなるのはよくわかります。

セラピーに期待しすぎると、それが期待通りでないとわかったとき、落ち込みは大きくなります。この素晴らしいセラピーでもダメなら、私はもう救われないと自信を失ったり、セラピー通りに進められなかった自分に自責を感じたりしやすいのです。ですから、本書では、記憶に対するセラピーの現実的な期待値をご紹介しておきたいと思います。

まず1つ目、記憶のセラピーは、それほど速く進まない、進んではいけないということです。

記憶が適正プロセスで過去のことになるためには、2段階で相手の状態をしばらく観察し、「危険性がない」というある程度の情報が入りつつ、「攻撃されなかった時間」が過ぎなければなりません。

確かに、セラピーで過去を想起し、新しい視点や新しいイメージが湧くこともあるでしょう。でもそれは1回のことなのです。警備隊長は、敵に関する1回の情報では、武装を解除しません。すぐにまた恨みに支配されるようになります。

私は「40回400回の原則」というものを紹介しています。人は大きな体験なら40回、ただ行動するだけなら400回経験すれば、体が学習する、というものです。この原則に従うと、40回ぐらいの大きな安全体験（セラピーを含め）がないと、恨み記憶は変わらないものなのです。

記憶の上書きとは「時間と回数をかけなければいけないもの」です。さっと変わってしまう記憶には、警備隊長が納得しないのです。**「誰でも、簡単に、一発で、心を変えていけるセラピー」は、この世には存在しない**と思ってください。

セラピーでかえって体調や感情が乱れることもある

セラピーの限界の2つ目は、記憶に触れるのには苦痛が伴うということです。虫歯を治療するには、痛みが伴います。うずく記憶の治療も同じです。虫歯には麻酔がありますが、記憶の場合、記憶に慣れるためにも、上書きするためにも、その記憶を思い出すつらさが伴います。しかも何度もその作業をするのです。そのつらさは、セラピストのスキルと人格がそれを少しだけゆるめてくれるかもしれませんが、基本的には自分で何とか耐えなければなりません。

そのときの疲労具合が極めて軽いなど、よほど条件の良い状態で進めなければ、苦痛のほうが大きく、それで疲労と自信を失えば、本人にとっては結局**「恨み」を深めてしまうリスク**さえもあります。また、恨みを抱えつつも何とかバランスをとっていた日常生活が、感情や体調の乱れでうまくいかなくなる方もいます。記憶のケアを進めながら、体調不良になる方は多いものです。

3つ目の限界は、記憶以外の要素を調整する必要があるということです。

記憶のセラピーは、過去のつらい記憶だけをゆるめたいという目的で進みます。例えば、催眠か何かで、本当にその部分の記憶を完全に消去できたとしましょう。それでうまくいくでしょうか。

人の苦しさは、記憶だけからくるものではありません。感ケア5で紹介したように、記憶は5つのうちの1つの要素でしかないのです（30ページ図1参照）。

4章で紹介した「パワハラをカウンセリングで直すのは難しい」と同じように、個人個人で違う要素が複雑に絡みあうので、個人に応じたオーダーメードのかなり難しい支援をしなければならないのです。

今置かれているストレスフルな環境、ゴールデンファイル、コミュニケーションスキル、感情とのつき合い方、援助の求め方など、様々なところを補強しないと、記憶だけケアしてもその方の生活は安定していかないのです。

4つ目の限界が、これらを上手に扱えるセラピストが少ないということです。

記憶はゴールデンファイルと同じように、その方の人生の根幹でもあります。これを上手に扱うには、かなりのスキルが必要になります。単に手順だけを進めると、「手術は成功、でも期待通りの生活ではなくなりました」などということになりかねません。

またスキルだけの問題ではなく、セラピーにはセラピストの人間性や相性の問題が大きく関わってきます。**スキルが高く、自分に合うセラピーを求めるのは、かなり難しい**ことなのです。

記憶をケアするセラピーは、ある程度の効果があります。現場でもそれを感じます。ただ、それはセラピーそのものの効果というより、これまで紹介してきた「現在の自分ケア」が進んだり、思い出しのきっかけ刺激から結果的に距離が取れたりして、風化の条件が整ってきたときに発揮される効果なのです。

安易に、過剰な期待でセラピーを求めると、何度も記憶に触れて、疲弊し、日常生活が荒れたうえ、結局根本の記憶にも、今の相手との生活にも、明確な改善が感じられないという結果になりかねません。クライアントは生きる自信を失ってしまうでしょう。

そういうリスクを負うより、これまで紹介してきた**「防衛記憶を育てず風化を狙う」**という態度のほうが、多くのクライアントが望む「幸せ」に近いと私は思うのです。

裁判に訴えても心がおだやかになるとは限らない

学校でいじめを受けて、対応を怠ったとして学校や教育委員会、加害者に対して裁判を起こす方もいます。「相手を裁判で訴えて無念を晴らしたい。そのことで、世の中を少しでも変えたい」と話すクライアントは少なくありません。

怒りは「決着をつけたい」感情です。行動することで、自分の生きる意義にもなりますし、つらい過去にも意味があるという物語を作るための作業でもあります。クライアントの気持ちは痛いほどわかりますし、その思いや行動は、尊重します。

しかしカウンセラーとしては、「裁判を起こす」という行動は、私のクライアントにはあまりお勧めしていないのです。その理由は、4つあります。

まず、**裁判は準備もその最中も、大変なエネルギーを使う**ものだということ。もともとつらい体験をして、うつ状態にいる人にとっては、想像以上に過酷な負担となり、疲労を深めることになるからです。たとえ勝ったとしても、心身のエネルギーの回復にはかなりの時間がかかるでしょう。

理由の2つ目は、**万が一敗訴した場合は、**身近な仲間に見捨てられたという**つらい体験に加えて、「国からも見捨てられてしまった」という、二重のダメージを受ける**ことになってしまうことです。

裁判の行方は誰にもわかりません。特に条件がそろい、「これなら勝てるかも」という状況にあるとき、「裁判をしない」という決断をするのは、かなりの意志力が必要です。しかもどんなに状況が良くても、最後まで結果がわからないのが裁判です。負ける可能性がある以上、私はやはり、法廷の場に持ち込むことはあまりお勧めしたくないのです。

3つ目の理由は、記憶に乱暴に触ってしまうことになりがちだということです。実際の法廷では、どうしても記憶に触る作業が発生します。

前述した通り、「記憶に触る」ということは、うまくいくときもあればそうではないときもあり、繊細な配慮と見極めが必要となります。個別のカウンセリングならば信頼関係を構築した上で、本人の状態を見ながら進められますが、複数の人が集まる裁判では難しくなってしまうのです。性犯罪の被害者など、怒りだけでなく恐怖の感情も大きかった場合は、特に、思い返しの苦痛が強くなってしまいます。

4つ目の理由は、裁判に勝っても、それで恨みが完全に収まり、生活がうまくいくという保証はないということです。

過去のクライアントで、上司を訴え勝訴したものの、戻った職場でうまくいかなくなってしまった、という人がいました。

カウンセリングで話を聞くと、そのクライアントは日ごろから「訴えてやる」が口癖だったそうです。裁判に訴えたのは、彼なりの**正義感**からでした。

通常なら「裁判の後で、周囲の人とうまくいかなくなる可能性もある。そう考えたら裁判はやめようかな」などの判断もできます。しかし、強い怒りに乗っ取られている間は、**「世直し」感覚**で「自分にどんなに不都合が生じても戦うべきだ！」と疑わず、引っ込みがつかなくなってしまいます。**振り上げた拳を下ろせなくなってしまう**のです。

そして実際に、彼のケースでは、裁判の後、職場で孤立し、前よりもイライラすることや周囲とのトラブルが増えてしまったのです。心が平穏になる結果は得られませんでした。

彼がおだやかさを自覚し始めたのは、2年に及ぶカウンセリングを通じて、「怒りに対処する6つのプロセス」や「感ケア5からのケア」について少しずつ理解を深め、実践し、自信を回復した後のことです。

パワハラやいじめなど、**人生には思いがけず理不尽な目に遭うこともあります。しかし、現実に裁判で訴えることと、心や感情をケアすることは必ずしもイコールではない**ことは、知っておいてください。

毒親に謝ってもらえば、問題は解決するか?

「親に対しての怒りが止められない」「親が毒親で……」と、クライアントが訴えるケースは、娘の立場から母親に対しての恨みであることが多いです。

先日いらっしゃった、クライアントのFさん(40代)も、その一人でした。ご自身は結婚し子育てをしながら、臨時教員としても働いています。お母さんは自宅の近くに住んでいるのですが、忙しい時期も思うように手伝ってくれない70代の母親に、最近怒りが止められないのだと言います。

「思えば、私が子どもの頃から母は働いていて、いつも忙しそうでした。定年した今は、自分の趣味で遊び回っています。自分の孫なのに、全然手伝ってくれないんです。他の働いている友達は、よく実家のお母さんが送り迎えとかやっているのに。私がこんなに忙しくしているのに、母はあまり助けてくれないんです。冷たい人なんです」

そう言って、Fさんは涙を流しました。

「最近よく思い出すんですけど、学校から帰っても母がいないことが当たり前だったんですよね。ケーキを焼いて待っている友達のお母さんがものすごくうらやましかった。私は冷蔵庫から好きなものを取って食べていいことになっていたのですが、私、それがすごく寂しかったなって。その割に初めて彼氏ができたときとか、今の夫と結婚するときはものすごく干渉してきて大変でした。母は、人との距離の取り方がおかしいんですよ。いわゆる毒親なんです」

とFさん。私は、

「なるほど。Fさんが、お母さんのことで寂しい思いをしてきたのはわかりました。それで、Fさんは、お母さんにどうしてほしいの？」

と聞いてみました。すると、

「母には謝ってほしいんです。私がこんなに今子育てでつらいのは、母のトラウマが原因だから」

このケースで、仮にFさんの希望通りに、お母さんが謝ったとしましょう。でも当のお母さんは、何を謝ったらいいのかわからないかもしれません。40代となった娘から「ケーキを焼いてくれなかった」などと言われてもピンとこないでしょうし、仮に謝ったとしても、謝罪はどうしても口先だけになってしまいます。そうなればFさん自身にとっては、さらなる怒りの元になりかねません。

つまり、**「謝罪を求めたい」は、**怒りスイッチの思考（75ページ図4参照）のせいで、現実にはFさんの**問題解決にはなりにくい**のです。Fさんの**怒りは「防衛記憶（恨み）」から来るもの。**もはや、**目の前にいるお母さんではなく、記憶の中のお母さんを恨んでいる**のですから。

中高年になって、親への怒りが湧き出してくる理由

女性に限ったことではありませんが、40代くらいになって、「自分の親が毒親だった」などと昔のことをどんどん思い出して、「怒りが止められなくなってしまう」という相談は、決して珍しくありません。むしろよくあるケースです。単に親に対する怒りだけでなく、親に怒ってしまう、根に持ってしまう自分を責めてしまうところもあるので、一層つらいのです。

その背景を感ケア5で考えれば、やはり「疲労」の影響が一番大きいようです。加齢とともに体力が低下しているのに、仕事における責任、社会における役割は大きくなり、**中高年はどうしてもエネルギーが不足した状態になりがち**です。Fさんのようにそこに出産・子育てなどという大変なライフイベントが重なると、漠然としたイライラが始まり、その原因をあれこれ考えるうちに、中には、**心の棚にしまってあった親への記憶に行き着く人が出てきます。**

心の棚のうち、「親」に関するコーナーには、誰でも、わりと多くの記憶が保管されています。探せば探すほど、どんな人でも、いろいろなエピソードが出てきます。親からのしつけは子どもにとって苦痛であることが多いので、「攻撃された」経験として記憶されます。また「つらいときにわかってくれなかった、守ってくれなかった」ことも強烈な防衛記憶として残りがちです。

これらの**原始人モードでの「記憶」は、ネガティブな情報ほどイメージが拡大されています。**文字がなかった時代、危険な情報、悪い情報ほどしっかりと覚えて伝えていく必要があったからです。だから**人間はネガティブな思い出ほど、よく記憶され、また鮮やかに思い出してしまう**ものなのです。しかも、**弱ったときは、過去のつらい記憶にアクセスしやすくもなります。過去の危険を思い出し、今の自分を守るため**です。

さらに**記憶は、思い返しの度に加工されていく**ことが知られています。たまたま思い出した嫌な記憶は、思い出した直後、つらい体感を伴っています。3段階です。この状態では、危険な部分が強調されています。その記憶を保ったまま2段階、1段階で再検討すれば、違う見方が生まれてくるものです。それを狙うのがカウンセリングです。

ところが、一人で考えていると、3段階の危険な部分だけを「見て」、嫌な気持ちを消すために、「忘れてしまう」という対策をとってしまいます。冷静な分析まで届かないばかりか、嫌な部分を何度も反復してしまうので、**嫌なところだけが拡大された記憶に加工されてしまう**のです。先に紹介した**防衛記憶、恨みの記憶が育つメカニズム**です。

親への怒りは、親への思いが薄いから生じるのではありません。記憶への対応が十分ではなかっただけのことです。「親への恨みを止められない」と自分を責める必要はないのです。

また、「記憶（恨み）」は薄らぐことはあっても、消去することはまず難しいと考えてください。上手に「上書き」するには、大変な時間と手間がかかり、よほど運に恵まれるか、腕の良いカウンセラーやセラピストのサポートがないと、なかなか達成されないでしょう。

ネガティブな記憶はあれこれいじるよりも、自分の関心を他にそらしてしまうほうが得策です。具体的には、親と距離を取る、親子以外の他の人間関係を充実させる、楽しい趣味に没頭する、などです。親関係の刺激が入ると、どうしても記憶にアクセスしてしまいます。その頻度を下げることで、記憶の棚に向かう回数も減らせるでしょう。と同時に、**日々の生活の中で、ご自身の疲労ケアに努めることは大前提**です。

Ｆさんはカウンセリングを進めるうちに、私が説明するメカニズムを理解し、体調管理、特に睡眠を第一に生活してみました。すると、次第に気持ちが落ちつき、お母さんにもあまり振り回されなくなったといいます。

さらにそのうえで、自分にとって大切なことは、お母さんのことよりも、子どもとの関係だと気づいたようです。今は子どもに安心してもらうためにも、自分ケアということを忘れないように生活しているそうです。

おわりに　ゴールは「まあ、いいか」が増えていくこと

「期待値」を適正にしていけば怒りも減る

私たちには「快・不快」を感じる本能があります。**「快」ならば近づく。「不快」ならば離れる。**「快・不快」の本能で、行動を決めてきました。

「快・不快」には2種類があります。

あなたが地震で被災して、避難所へ逃げたとします。何日も食料が手に入らず、お腹がペコペコに空いているなら「不快」です。そこに、アツアツのカップラーメンが配給されていただいたら、お腹も満たされて「快」に転じます。これは「お腹が空いている」という欲求に対する「快・不快」です。

ところが、来る日も来る日もカップラーメンが続くと、やがて「不快」を感じます。何日も避難所で我慢しているのに、もう少し良いものや違ったものが食べられないのかとい

図7　2種類の快・不快

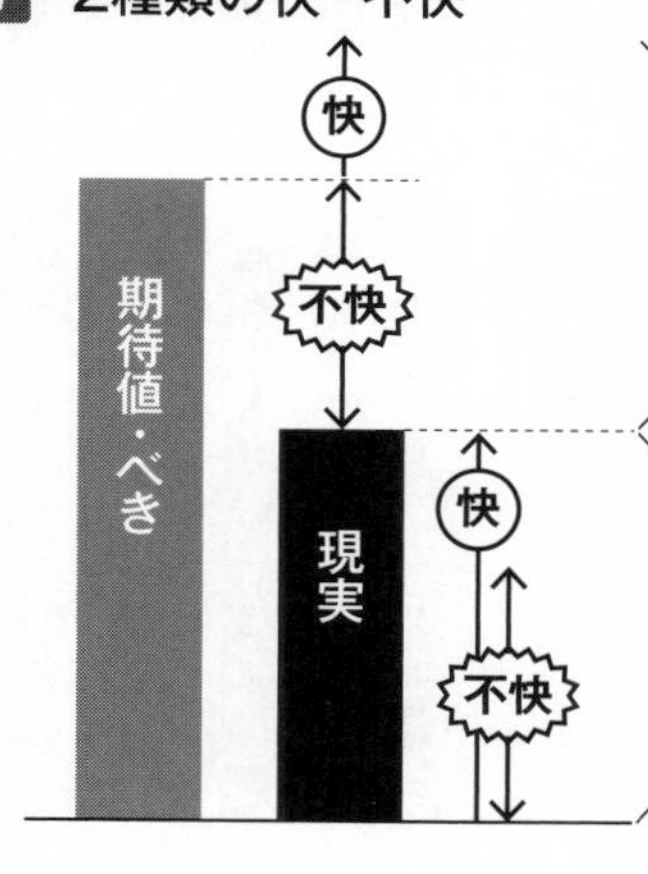

う**「期待値」**が上がるのです。期待値が上がると、カップラーメンが運ばれてきたら、「ああ、今日もまたか」と「不快」になってしまいます。ウンザリしたり、中には腹を立てたりする人もいるでしょう。

このように、同じカップラーメンという現実でも、**期待値によって感情が変わります。**カップラーメンは1つの例え話ですが、私たちには、**欲求に対する「快・不快」と、期待値を達成するための「快・不快」の2種類がある**のだと理解してください（図7）。

さて、現実社会において、**私たちの悩みのほとんどは、この「期待値」に起因します。**

「私は○○であるべき」

「私は周囲からもっと大切にされるべき」

「社会とは○○であるべき」

無意識にも意識的にも持っている、自分の中の期待、「べき」が脅かされるから「不快」を感じ、不安になり、妬みになり、また怒りの感情が発動するのです。

もし、**「怒りの発動を少しでも少なくしたい」と思うのでしたら、この期待値「べき」をあまり高く持ちすぎない**ことです。期待値が高すぎるほど、私たちは「不快」を感じやすくなるのです。本書では**ゴールデンファイル**と紹介しました。

それでは、どのようにすれば、過剰な期待値を下げ、適正にしていけるでしょうか。

期待値の修正に有効なこと

期待値を適正にしてくれるのは、人、社会に関するあらゆる「データ」です。

「人にはこんな面もあるのだ」「世の中にはこんな人がいるのだ」と経験を重ね、多様な人間社会の現実に触れていくことで、「べき」はゆるみ、より現実に即したものにしていけるでしょう。

引きこもり状態にある女性が、「このままじゃだめだ」と思ってあるとき、一大決心をして外に出ました。とにかく10分間頑張って散歩したのです。

ところが、翌週そのことを担当のカウンセラーに報告したら、カウンセラーは「10分だけですか?」と返答したそうです。この女性は大変なショックを受けました。

この方は、お化粧をしないと外に出ることができません。元気なときだったら15分で済んだお化粧も、今は1時間かかるそうです。途中で何度もやめようと思ったのに「今日は頑張ってみよう」と思って、必死でメイクを済ませて、ようやく10分、散歩したのです。

もし「世の中には、そのような人もいる」というデータがあれば、カウンセラーの認識も違ったはずです。クライアントの行動に対して、「よく頑張りましたね」と、心から言えたかもしれません。

期待値「べき」は、人や世の中に関するデータを増やすほど、現実に即して修正されていきます。例えば、

「私は○○であるべき」→「私は必ずしも○○でなくてもいいのだ」

「私は周囲からもっと大切にされるべき」→「人は思うほど、私のことを気にしていないかも」

「社会とは○○であるべき」→「社会はなかなか理想通りにはいかない。清濁併せ持つのが本来の姿なんだな」

というように、それぞれの価値観はゆるめていくことが可能です。

また、知識ではなく経験によって、自分自身がより納得できるデータが増えていきます。故郷を離れて違う街で暮らしたり、友人や恋人とつき合ったりケンカしたり、上司、同僚、部下と働いたり、家庭をもって子育てをしたり……。**理不尽で雑多な人間関係に揉まれてこそ、より実態に近い「人間というもの」を体得していける**のです。

自分の中で期待値が、より現実に近い「適正期待」に修正されていけば、何か問題が起きても**「まあいいか」**と思えることが増えていくでしょう。

自分に対しても「まあ、いいか」。身近な人や社会に対しても「まあ、いいか」。**無理に許そうとするのではなく、「そんなものだよね」「そんなこともあるよね」と思える**経験、データを増やしていくことで、怒りの発動はグンと減らしていけるのです。

何もしないで「価値観を変えましょう」は無理

生活の中で、少しでも怒りを減らしていくためには、様々な経験を積み、人間に関する「データ」を増やして価値観（期待値）をゆるめていくことだと言いました。しかし、**知識だけでは、価値観をゆるめることはできません。**

いくら心理学や自己啓発本を読んでも、セミナーに参加してもそれだけではだめなのです。

自分自身の価値観をゆるめたい、怒りの発動を減らしたいと思うのでしたら、**知識よりも「実践」「訓練」**です。それが「人生経験を積む」ということなのです。

その意味で、この本も読んだだけでは、参考にはなっても、真の怒りのコントロール術を手に入れることはできません。

本書で紹介した**「怒りに対処する6つのプロセス」**(92、93ページ図5)や「感ケア5のケア」(30ページ図1)も、**どんどん試して**みて、失敗も成功もたくさんしてください。紹介したメソッドが自分に合わなかったら、自分のやりやすいように、自由にアレンジを加えてもいいのです。

何度も手痛い経験を繰り返して、

「あ、もしかして、こういうことだったのかな……」

と、うっすら自分なりの怒りの対処法が見えてくる——。そんなイメージで、**少しずつ価値観(期待値)をゆるめ、怒りも抑えやすくなっていく**ものだと思ってください。

「同僚と言い争いになったけれど、パッとその場を離れて、なんとかキレることだけは避けられた」

「以前は許せなかったことも、なんとなく気にならなくなってきたな」

小さな成功体験は、あなたの「自信」となり、怒りっぽい体質改善に大いに役立つことと思います。逆に、失敗が続いたら自信を失うかもしれませんが、その中に、あなたの感情を揺るがしている「価値観」が見つかり、それをゆるめるチャンスが潜んでいます。**失敗も、大いに生かすようにしてください。**その先に必ず、おだやかな自分や生活が待っているはずです。

怒りに対して、「感情をケア」するというつき合い方の、理論と方法論をご紹介させていただきました。

ただ、本という媒体では、メカニズムは詳しくご紹介できても、トレーニングについては概要しかお伝えできません。**感情のケアはスポーツと同じで、理論も大切ですが、実習して自分なりのコツを身に着ける必要があります。**また、いろんな状態の中で応用していかなければなりません。本書で得た知識を、ぜひご自分の生活の中で試して、自分なりの対処法を見つけてほしいのです。また、その部分をトレーニングとして体験してみたい方は、感ケアのプログラムに参加してみるのも効果的だと思います。

皆さんが、新しい対処法を見つけおだやかな日常を送れるようになることを、願っています。

下園壮太 しもぞの・そうた
心理カウンセラー。メンタルレスキュー協会理事長。1959年、鹿児島県生まれ。防衛大学校卒業後、陸上自衛隊入隊。陸上自衛隊初の心理教官として多くのカウンセリングを経験。その後、自衛隊の衛生隊員などにメンタルヘルス、コンバットストレス（惨事ストレス）対策を教育。「自殺・事故のアフターケアチーム」のメンバーとして約300件以上の自殺や事故のアフターケアに関わる。2015年８月定年退官。現在はメンタルレスキュー協会でクライシスカウンセリングを広めつつ講演などを実施。『心の疲れをとる技術』『人間関係の疲れをとる技術』『50代から心を整える技術』（すべて朝日新書）など著書多数。

朝日新書
859

自衛隊メンタル教官が教える
イライラ・怒り（いか）をとる技術（ぎじゅつ）

2022年４月30日第１刷発行

著者 下園壮太

発行者 三宮博信
カバーデザイン アンスガー・フォルマー 田嶋佳子
印刷所 凸版印刷株式会社
発行所 朝日新聞出版
〒104-8011 東京都中央区築地5-3-2
電話 03-5541-8832（編集）
03-5540-7793（販売）

Published in Japan by Asahi Shimbun Publications Inc.
ISBN 978-4-02-295170-0
定価はカバーに表示してあります。

朝日新書

第二次世界大戦秘史
周辺国から解く　独ソ英仏の知られざる暗闘

山崎雅弘

人類史上かつてない広大な地域で戦闘が行われた第二次世界大戦の欧州大戦。ヒトラー、スターリン、チャーチルの戦略と野望、そして誤算――。彼らに翻弄された、欧州・中近東「20周辺国」の視点から、大戦の核心を多面的・重層的に描く。

音楽する脳
天才たちの創造性と超絶技巧の科学

大黒達也

優れた音楽はどのような作曲家たちの脳によって作られ、演奏されているのか。ベートーベンからグールドまで、偉人たちの脳を大解剖。深い論理的思考で作られているクラシックをとことん味わうための「音楽と脳の最新研究」を紹介。

昭和・東京・食べある記

森　まゆみ

東京には昭和のなつかしさ漂う名飲食店があちこちに。「安くてうまい料理」と、その裏にある、作る人・食べる人が織りなす「おいしい物語」を作家で地域誌「谷根千」元編集者の著者が、食べ、かつ聞き歩く。これぞ垂涎の食エッセー。

朝日新書

不動産の未来
マイホーム大転換時代に備えよ
牧野知弘

不動産に地殻変動が起きている。高騰化の一方、コロナによって暮らし方、働き方が変わり、住まいの価値観が変容している。こうした今、都市や住宅の新しい価値創造は何かを捉えた上で、マイホームを選ぶことが重要だ。業界の重鎮が提言する。

全米トップ校が教える自己肯定感の育て方
星　友啓

学習や仕事の成果に大きく関与する「自己肯定感」は世界的にも注目されるファクターだ。本書は超名門スタンフォード大学オンラインハイスクールで校長を務める著者が、そのコンセプトからアプローチ、エクササイズまで、最先端の知見を凝縮してお届けする。

リスクを生きる
内田　樹
岩田健太郎

コロナ禍で変わったこと、変わらなかったこと、変わるべきことは何か。東京一極集中の弊害、空洞化する高等教育、査定といじめの相似構造、感染症が可視化したリスク社会を生きるすべを語る、哲学者と医者の知の対話。同著者『コロナと生きる』から待望の第2弾。

全面改訂 第3版 ほったらかし投資術
山崎　元
水瀬ケンイチ

これがほったらかし投資の公式本！　売れ続けてシリーズ累計10万部のベストセラーが7年ぶりに全面改訂！　おすすめのインデックスファンドが一新され、もっとシンプルに、もっと簡単に生まれ変わりました。ｉＤｅＣｏ、２０２４年開始の新ＮＩＳＡにも完全対応。

朝日新書

ルポ　大谷翔平
日本メディアが知らない「リアル二刀流」の真実

志村朋哉

2021年メジャーリーグMVPのエンゼルス・大谷翔平。米国のファンやメディア、チームメートは「リアル二刀流」をどう捉えているのか。現地メディアだけが報じた一面とは。大谷の番記者経験もある著者が日本ではなかなか伝わらない、その実像に迫る。

自衛隊メンタル教官が教える　イライラ・怒りをとる技術

下園壮太

自粛警察やマスク警察など、コロナ禍で強まる「1億総イライラ社会」。怒りやイライラの根底には「疲労」がある。怒りは自分を守ろうとする強力な働きだが、怒りの暴発で人生を棒に振ることもある。怒りのメカニズムを正しく知り、うまくコントロールする実践的方法を解説。

画聖　雪舟の素顔
天橋立図に隠された謎

島尾　新

画聖・雪舟が描いた傑作「天橋立図」は単なる風景画なのか？　地形を含めた詳細すぎる位置情報、明らかに歪められた距離、上空からしか見ることのできない構図……。前代未聞の水墨画を描いた雪舟の生涯を辿りながら、「天橋立図」に隠された謎に迫る。

江戸の組織人
現代企業も官僚機構も、すべて徳川幕府から始まった！

山本博文

武士も巨大機構の歯車の一つに過ぎなかった！　幕府の組織は現代官僚制にも匹敵する高度に発達したものだった。「家格」「上司」「抜擢」「出張」「横領」「利権」「賄賂」「機密」「治安」「告発」「いじめ」から歴史を読み解く、現代人必読の書。